청소년 학교폭력
예방 프로그램의 실제

최승원 · 이연주 · 배유빈 · 오다영 공저

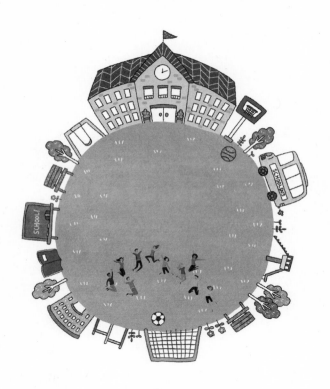

학지사

머리말

거리에는 자신의 의견을 관철하기 위해 길에 나선 사람들과 이들을 막아선 공권력의 무서운 대치가 반복됩니다. 같은 피를 나눈 북쪽의 형제들은 대량 살상 무기를 개발하는 데 골몰하고, 대한민국의 지도자들은 비난의 확성기로 대응합니다. 거리에는 서로 먼저 가기 위해 한 자리를 차지하고자 갈등하는 운전자들의 폭력이 살인으로 비화하기도 합니다.

인공지능이 인간 지성의 영역을 위협하는 이 시기에도 인간의 폭력과 갈등은 해결될 기미가 보이지 않습니다. 수많은 전문가가 만연한 분노와 폭력의 원인을 진단하고 있지만, 그 목소리들은 공허하게 들릴 뿐입니다. 그 진단 어디에도 뚜렷한 해결책이 담겨 있지 않기 때문입니다.

세상이 폭력적으로 변화되는 이유를 제대로 설명하기는 쉽지 않습니다. 하지만 더욱 분명한 사실이 있습니다. 우리의 아이들이 인격을 형성하고 이 사회에 기여하는 법을 배워야 할 학교가 폭력에 멍들고 있다는 것입니다. 왕따, 구타, 금품 갈취뿐 아니라 친구를 위협해 성매매를 시키는 일까지 발생하고 있는 것으로 나타나, 어른들 사회의 모든 폭력 행위가 학교 장면을 통해 선행 학습되고 있음을 알 수 있습니다.

학교는 단순히 지식을 배우거나 대학을 진학하기 위한 입시교육을 받는 곳이어서는 안 됩니다. 사교육과 인터넷 강의가 공교육의 존재 가치를 위협하는 이 시점에서 학교가 가야 할 길은 학생들에게 타인을 배려하고 서로의 의견을 조율할 수 있는 민주시민의 자질을 가르치는 것입니다. 이런 관점에서 폭력에 멍들고 있는 학교의 현실은 정신건강 현장 전문가들의 우려를 자아내기에 충분합니다. 오늘 보이는 학교의 폭력성은 내일의 대한민국 사회의 모습이 될 것이기 때문입니다.

저자들이 이 분야에 관심을 가지기 시작한 것은 지역 경찰서와 함께 학교폭력 방지에 대한 청소년 프로그램을 운영하면서부터입니다. 이곳에서 저자들은 학교폭력에 대한 교육과 상담 프로그램이 경찰서나 학교와 같은 제한된 공간에서 소수의 지도자를 통해 진행되는 것으로는 충분하지 않다는 것을 절감하였습니다. 학교폭력은 단지 일부 가해 청소년의 일탈이 아니기 때문입니다.

학교폭력은 일부 가해자의 반사회적 의도에 의해 발생할 수도 있지만, 이 폭력 행위를 방관하거나 동조하는 방관자들에 의해서 유지되는 측면도 강합니다. 특히 집단 따돌림 등의 문제는 가해자보다 가해자에 동참해 재미로 피해자를 괴롭히거나 무관심하게 외면하는 제

삼자들에 의해 유지된다고 해도 과언이 아닙니다.

하지만 이런 방관자들은 자신이 교육과 상담의 대상이란 생각을 하지 못하기 때문에 폭력 방지 교육에 자발적으로 참여하지 않으며, 참여를 강요받지도 않습니다. 따라서 학교폭력 문제를 해결하기 위해서는 자신이 어떤 역할로 폭력에 동조하는지를 자각하지 못하는 일반 학생들에게 직접 찾아가 프로그램을 진행할 인력이 필수적입니다.

이 책은 심리학 전문가가 아니지만 다양한 장면에서 청소년들을 만나고 지도할 위치에 있는 분들이 쉽게 학교폭력 방지 프로그램을 진행할 수 있도록 만든 지침서입니다. 수련회 등의 행사 중 일부로 진행하기 편리하도록 상황극 형태로 구성해 보았습니다. 이 극을 통해서 그리고 나눔의 시간을 통해서 학생들은 폭력과 따돌림 상황에서 자신이 어떤 태도를 보여 왔는지, 자신의 태도 변화가 어떤 변화를 끌어낼 수 있는지를 충분히 생각해 볼 시간을 가질 수 있습니다.

사실 프로그램 내용에 대단한 진리가 담겨 있는 것은 아닙니다. 지도자는 학생들에게 특정 입장을 강제하거나 주입하려 해서는 안 될 것입니다. 파울로 코엘료(Paulo Coelho)의 『연금술사(The Alchemist)』를 보면 다음과 같은 구절을 찾아볼 수 있습니다.

"사람들은 저마다 자기 방식으로 배우는 거야. 저 사람의 방식과 내 방식이 같을 수는 없어. 하지만 우리는 제각기 자아의 신화를 살아가는 길이고, 그게 바로 내가 그를 존경하는 이유지."

각각의 학생들에게는 지금까지 학교에서 그러한 위치를 고수해 온 충분한 이유가 있습니다. 그들의 입장은 존중되어야 합니다. 프로그램을 진행하면서도 학생들은 지도자가 의도하지 못한 방향으로 행동할 수도 있고 엉뚱한 발언을 할 수도 있습니다. 하지만 그것이 프로그램의 실패를 의미하지는 않습니다. 학생 한 명 한 명은 각자의 방식으로 그 프로그램을 경험하고 있을 뿐입니다. 지도자가 진심을 다해 진행하였다면 그들은 그 나름대로의 변화를 만들어 갈 것입니다.

그렇기에 이 책을 읽고 프로그램을 진행하실 분들은 먼저 자기 자신의 잠재력을 믿고 학생들의 변화 가능성을 신뢰하시기 바랍니다. 우리가 할 수 있는 것은 그저 마음을 다한 최선일 뿐입니다. 참다운 변화는 인간의 손이 미치지 못하는 저 높은 곳의 뜻에 따라 시작될 수 있습니다. 오늘도 최선을 다하는 하루가 되길 빕니다.

쌍문동에서
저자 대표 최승원

차례

머리말 / 3

|제1장|

학교폭력

1. 학교폭력의 형태 및 현황

　최근 들어 학교폭력의 종류가 다양해지면서 기존에 빈번하게 이루어지던 신체적인 폭행이나 금품 갈취뿐만이 아니라, 각종 심부름이나 왕따 및 휴대폰이나 인터넷을 통한 괴롭힘 등의 신종 학교폭력이 발생하고 있다. 또한 학교폭력을 구성하는 역할도 단순히 가해자, 피해자 및 방관자만 있는 것이 아니라 가해자 지지형 방관자와 피해자 지지형 방관자도 있어서 다양해지고 있는 상황이다. 다음의 사례를 통해서 학교폭력의 형태를 살펴보자.

현우는 방학을 기다린다. 학교에 가면 몇몇 친구가 매점에 가서 간식을 사 달라고 하든가 돈을 빌려 달라고 하면서 갚지 않는 일이 반복되고 있다. 부모님께는 학용품이나 문제집을 산다고 거짓말을 해서 용돈을 계속 받고 있지만 이마저도 한계가 있다. 빵을 사 달라는 친구에게 돈이 없다고 했다가 욕을 듣는 것은 기본이고 맞는 일도 자주 있다. 학원은 과외를 하겠다고 해서 그만두었는데 학교는 방학이 아니고서는 결석을 할 수도 없다. 현우는 어떻게 해야 할지 모르겠다고 한다.

지현이의 친구들은 선주를 싫어한다. 지현이는 친구들이 선주가 지나가면 뒤에서 흉을 보거나 따돌리는 것을 보고는 고민하다가 선주에게 이러한 상황을 알려 주었다. 이 사실을 알게 된 선주는 지현이와 친구들을 학교에 학교폭력 가해자로 신고하였고, 그리하여 심의가 이루어지게 되었다. 그러나 특정한 증거가 나오지 않아 별다른 조치 없이 마무리가 되었고, 결국 선주는 다른 학교로 전학을 가게 되었다.

이들 사례를 학교폭력이라고 볼 수 있을까? 학교폭력예방 및 대책에 관한 법률 제2조에서는 학교 내외에서 학생을 대상으로 발생한 상해, 폭력, 감금, 협박, 약취 · 유인, 명예훼손 · 모욕, 공갈, 강요 · 강제적 심부름 및 성폭력, 따돌림, 사이버 따돌림, 정보통신망을 이용한 음란폭력 정보 등에 의하여 신체 · 정신 또는 재산상의 피해를 주는 행동 모두를 학교폭력으로 정의하고 있다. 앞의 사례에서 직접적인 학교폭력피해자인 현우와는 달리 지현이와 선주는 따돌림 및 소외감 등에 의해서 정신적인 피해를 받았음에도 불구하고 현재 우리나라의 법률에 따르면 학교폭력의 피해자가 될 수 없다. 그러므로 심의 결과 학교폭력이 아니라고 판명되었지만, 지현이와 선주가 학교폭력의 피해자가 아니라고 하기에는 찜찜함이 남아 있다.

2014년도 교육부 자료에 따르면 학교폭력 피해응답률은 2013년 1차(상반기) 2.2%, 2013년 2차(하반기) 1.9%, 2014년 1차(상반기) 1.4%, 2014년 2차(하반기) 1.2%로 계속 감소하는 추세에 있다. 그러나 학교폭력 심의건수는 2013년 상반기에 9,713건에서 2014년 상반기에는 10,662건으로 9.8% 증가한 상황이다. 이러한 수치는 학교폭력 피해는 감소하고 있다고 응답하지만 실제로 학교폭력으로 신고하는 수는 증가하고 있다고 볼 수 있을 것이다. 또한 그만큼 학생들에게 '이런 것이 학교폭력이 아닌가?' 싶은 일들이 증가하고 있다고 볼 수 있을 것이다.

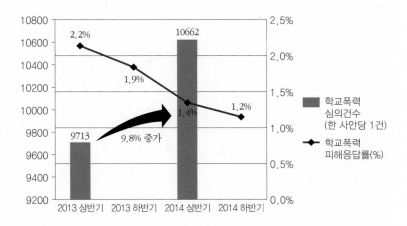

[그림 1-1] 2013년 대비 2014년 학교폭력 현황

출처: 교육부(2015).

실제로 학교폭력이 일어날 때 학생들은 어떤 태도를 취할까? 청소
년폭력예방재단이 실시한 2013년 학교폭력 실태조사 결과에 따르면
조사 대상자 중에 직접 말렸다는 학생은 15.8%이고 피해학생에게 친
구가 되어 주었다는 학생은 7.7%로, 23.5%의 학생들이 학교폭력 피
해자에게 도움을 주려고 한 것으로 나타났다. 반면에, 과반수가 넘
는 52.6%의 학생들은 모른 척했다고 보고하였다. 또한 학생들이 방
관한 이유를 조사한 결과, 도와줘도 소용이 없을 것 같아서가 25.4%
였고 어떻게 해야 할지 몰라서가 18.1%로, 43.5%의 학생들이 도움을
주는 행동의 결과에 대해 확신이 없고 학교폭력에 대처하는 방법을
잘 모르는 것으로 나타났다. 따라서 어떻게 하는 것이 실질적으로 도

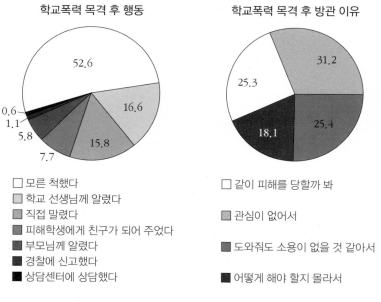

[그림 1-2] 2013년 전국 학교폭력 실태조사

출처: 청소년폭력예방재단(2015).

움이 되는지를 알게 되고 도움을 주는 행동이 피해학생에게 긍정적인 영향을 미친다는 것을 깨닫게 된다면 학교폭력을 목격한 주변 학생들의 행동은 달라질 수도 있다.

지금까지 간단하게 학교폭력의 형태 및 현황에 대해서 알아보았다. 하지만 이러한 청소년의 학교폭력을 이해하기 위해서는 청소년기의 특성에 대한 이해가 선행되어야 한다. 청소년기는 이전의 발달 단계나 성인기와는 다른 양상을 보인다. 청소년기에는 신체적인 발달과 함께 심리사회적인 발달도 다채롭게 이루어지는데, 이전 단계에서 보이는 특징이 양적으로 늘거나 줄어드는 것이 아니라 질적으로 다른 발달을 하게 된다. 물론 이러한 면들이 학교폭력을 다 설명해 준다거나 정당화시키는 것은 아니다. 그러나 이 시기의 특징을 잘 아는 것은 학생들이 좀 더 충동적이거나 또래 관계에 몰입하고 타인의 인정에 연연해 하는 면들을 이해할 수 있도록 도와줄 것이다.

|제2장|
청소년기의 발달

1. 신체 발달

청소년기에는 신체적 성숙이 급격히 이루어진다. 또한 테스토스테론(남성 호르몬)과 에스트로겐(여성 호르몬)이라는 호르몬이 많이 분비되는데 이것은 신체발달 및 성적 성숙과 성격 형성에 영향을 미친다. 이러한 호르몬은 청소년들의 2차 성징을 발달시키며, 많이 분비가 될 경우 청소년은 화를 내거나 공격적인 모습을 보일 수 있다. 그러나 청소년은 호르몬이 분비되면서 공격적인 태도를 취하기도 하지만 위기 상황에는 호르몬 분비가 평소보다 증가하여 그러한 상황을 극복할 수 있게 된다.

2. 신체이미지

신체이미지는 자신이 신체에 대해 마음속에 갖고 있는 상을 말한다. 청소년들은 자신의 신체에 대해 긍정적이지는 않은 편이다. 자신을 못생겼다고 생각하는 사람은 남자 청소년에 비해 여자 청소년이 더 많고, 중학생이 초등학생이나 고등학생에 비해 더 많다(김순홍 외, 2003). 청소년들이 가진 외모에 대한 불만족은 부정적인 신체이미지를 갖게 하고 커다란 스트레스로 작용할 수 있다.

3. 인지 발달

피아제(Piaget, 1964)는 인간의 인지 발달이 감각운동기, 전조작기, 구체적 조작기, 형식적 조작기의 4단계를 거쳐 이루어지며, 청소년기는 형식적 조작기에 해당한다고 하였다. 형식적 조작기에는 추상적인 개념을 이해하면서 사고의 폭이 넓어진다. 또한 메타인지(meta cognition, 사고 과정에 대한 사고) 능력이 생겨서 자신의 생각뿐만 아니라 타인의 생각에 대해서도 사고하고 정서와 행동에 대한 의미도 사고하게 된다. 그리하여 청소년들은 가능성에 대해 체계적이고 과학적이며 논리적으로 추론하면서 고차원적인 사고를 할 수 있게 된다. 게다가 미래에 대한 계획을 세우고 행동의 결과를 예측하며 현상에 대한 대안적 설명을 할 수 있는 가설에 기반을 둔 사고를 하게 된다. 그러나 계획을 세울 수 있게 되면서 미래에 대한 기대와 함께 불안이 증가할 수 있다. 또한 이상주의를 추구함으로써 세상과 기성세대에 대한 논리적 모순을 발견하고 반항심이 증가할 수 있다.

4. 사회인지

사회인지란 자신과 타인의 역할, 관계, 생각, 감정, 의도 등을 관찰하고 추론하여 개념화하는 것을 말한다. 사회인지 능력은 일상생활, 대인관계, 정보처리에서의 문제해결에 필수적이다. 청소년기에는 자신의 생각 속에 빠져서 스스로가 특별한 존재라고 착각하고 자신이 우주의 중심이라고 생각하는 강한 자의식을 보이게 된다. 또한 자신과 타인의 생각을 구분하지 못하는 경우도 있다. 이러한 특징에는 자아중심성과 개인적 우화가 있는데 성인이 되면서 점차 사라지게 된다.

청소년들은 이러한 자아중심성으로 인해 상상의 청중(imaginary audience)과 개인적 우화(personal fable)라는 현상을 보이게 된다. 상상의 청중은 과장된 자의식을 가짐으로써 자신이 타인의 집중적인 관심과 주의의 대상이 되고 있다고 믿는 것이다. 따라서 자신이 보이는 사소한 실수나 하찮은 언행에 대해서도 타인들이 모두 주목할 거라고 생각해서 당황하거나 예민한 반응을 보이기도 한다. 개인적 우화는 청소년들이 자신이 특별하고 독특한 존재라고 생각하여 자신의 경험이나 감정은 타인의 그것과 근본적으로 다르다고 믿으면서 어떤 사건을 자신에게 적용할 때 세상에 존재한 상식이나 가능성을 무시하고 왜곡하는 것이다.

5. 도덕성 발달

도덕성의 개념은 다양한데, 리코나(Likona, 1991)에 따르면 도덕성은 도덕적 지식(moral knowing), 도덕적 감정(moral feeling), 도덕적 행동(moral action)으로 이루어져 있고 서로 연관이 있다. 또한 콜버그(Kohlberg, 1969)에 따르면 도덕발달은 3수준 6단계로 이루어져 있다. 3개의 수준은 전인습적 수준, 인습적 수준, 후인습적 수준을 말한다. 그리고 6단계 중 1단계는 처벌과 복종 지향의 단계이며 2단계는 도구적 상대주의고 3단계는 대인 간 조화 또는 착한 아이 지향이다. 또한 4단계는 법과 질서 지향이고 5단계는 사회적 계약과 합법적 지향이며 6단계는 보편적인 윤리적 원리 지향이다. 우리나라 초·중·고등학생의 도덕성 발달 수준은 과반수 이상이 3~4단계에 해당한다고 한다(이원봉, 2010; 최성희, 김종연, 윤영준, 2010). 따라서 우리나라 청소년들은 법과 질서를 지향해야겠다는 생각과 더불어 고정관념에 동조하고 착하게 행동해서 타인의 인정을 받으려는 경향이 있다.

6. 사회성 발달

대부분의 청소년은 타인의 인정을 받는 것에 관심이 있다. 모두가 인기를 바라지는 않지만 친구들이 자신을 좋아해 주고 인정해 주기를 바라는 마음을 갖고 있다. 그들에게 있어 우정은 우의, 자극, 물질적 지지, 자아의 지지, 사회적 비교, 친밀감/애정의 기능을 한다. 청소년은 친밀감에 대한 욕구가 높기 때문에 친구를 찾는 데 실패하게 되면 외로움으로 인해 고통을 느끼고 자존감이 낮아질 수 있다. 또한 타인과의 관계에서 동조하는 경향이 높은데, 이는 상상 속의 청중을 고려하느라 남들에게 튀고 싶어 하지 않기 때문이다. 동조는 자신감, 또래 집단에서의 지위, 도덕성, 자아정체감 등의 영향을 받는데, 자신감이 부족하거나 또래 집단에서 중간 정도의 지위를 가졌거나 콜버그의 도덕 발달단계가 3단계인 경우에 동조할 확률이 높다고 한다.

7. 자아정체감 발달

자아정체감은 인간의 전 생애에 걸쳐서 획득해야 하고 특히 청소년기에 이루어야 하는 중요한 발달상의 과제다. 에릭슨(Erikson, 1968)에 따르면 자아정체감은 첫째, 다양한 지위(딸, 아들, 친구, 언니, 오빠, 동생, 손자, 손녀, 학생 등)에 따른 역할을 수행하는 데 있어서 동

다양한 지위(딸, 아들, 오빠, 친구, 학생 등)에 따른 역할을 수행하는 데 있어서 동일한'나'를 유지

자신을 볼 때의 나(주체적 자아)와 타인이 자신을 어떻게 볼 것이라고 지각할 때의 나(객체적 자아)의 조화

과거에서 현재를 지나 미래를 살아가면서 일관된'나'를 유지

'나는 나다'라는 실존 의식을 의미, 누구로부터의 간섭도 배제할 수 있는 절대적 자유를 지녔지만 근원적인 소외감과 불안감을 가진 존재

인간의 전 생애에 걸쳐서 획득해야 하고 특히 청소년기에 이루어져야 하는 중요한 발달상의 과제

[그림 2-1] 에릭슨의 자아정체감

일한 '나'를 유지하는 것을 말한다. 둘째, 과거에서 현재를 지나 미래를 살아가면서 일관된 '나'를 유지해 가는 것을 말한다. 셋째, 자신을 볼 때의 나(주체적 자아)와 타인이 자신을 어떻게 볼 것이라고 지각할 때의 나(객체적 자아)가 조화를 이루고 있는 것을 말한다. 넷째, '나는 나다.'라는 실존 의식을 의미하며 누구로부터의 간섭도 배제할 수 있는 절대적 자유를 지녔지만 근원적인 소외감과 불안감을 가진 존재를 말한다.

청소년기의 자아정체감 형성에 대해서는 마르샤(Marcia, 1980)가 잘 정리했는데, 위기(crisis)와 관여(commitment) 유무를 기준으로 하여 네 가지 지위로 나누고 있다. 위기란 여러 대안 중에서 하나를 선택하기 위해 탐색하는 것을 말하고, 관여란 개인적으로 투자한 정도를 말한다. 네 가지 지위는 정체감 혼미, 정체감 유실, 정체감 유예,

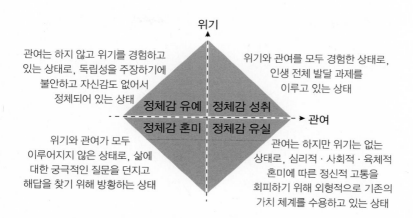

위기

관여는 하지 않고 위기를 경험하고 있는 상태로, 독립성을 주장하기에 불안하고 자신감도 없어서 정체되어 있는 상태

위기와 관여를 모두 경험한 상태로, 인생 전체 발달 과제를 이루고 있는 상태

정체감 유예 │ 정체감 성취

─ ─ ─ ─ ─ ─ ─ ─ ─ ─ ─ ─ ─ ─ ─ ─ ► 관여

정체감 혼미 │ 정체감 유실

위기와 관여가 모두 이루어지지 않은 상태로, 삶에 대한 궁극적인 질문을 던지고 해답을 찾기 위해 방황하는 상태

관여는 하지만 위기는 없는 상태로, 심리적 · 사회적 · 육체적 혼미에 따른 정신적 고통을 회피하기 위해 외형적으로 기존의 가치 체계를 수용하고 있는 상태

[그림 2-2] 마르샤의 청소년기 자아정체감 형성

정체감 성취로 이루어져 있다. 정체감 혼미는 위기와 관여가 모두 이루어지지 않은 상태로, 삶에 대한 궁극적인 질문을 던지고 해답을 찾기 위해 방황하는 것을 말한다. 정체감 유실은 관여는 하지만 위기는 없는 상태로, 심리적 · 사회적 · 육체적 혼미에 따른 정신적 고통을 회피하기 위해 외형적으로는 기존의 가치체계를 수용하고 있는 것을 의미한다. 정체감 유예는 관여는 하지 않고 위기를 경험하고 있는 상태로, 독립성을 주장하기에 불안하고 자신감도 없어서 정체되어 있는 것을 의미한다. 정체감 성취는 위기와 관여를 모두 경험한 상태로, 다양한 대안과 선택을 신중하게 평가하여 자신의 정체성의 위기를 해결하고 스스로 어떤 결론에 도달하는 것을 말한다.

8. 뇌 발달

청소년기 동안 뇌는 전전두엽(뇌의 가장 앞쪽에 자리 잡은 뇌)이 극적으로 두꺼워졌다가 얇아진다. 뇌가 두꺼워지는 현상은 뇌 신경세포(뉴런)에 있는 나뭇가지처럼 생긴 수상돌기가 맹렬하게 뻗어 나갈 때 일어난다. 사춘기가 되면 이러한 성장이 정점을 이루다가 잘 사용하지 않는 부분은 제거된다. 또한 청소년기에는 뇌에서 감정적인 반응을 담당하는 부분인 변연계가 성장하는 속도에 비해 문제를 해결하고 계획하는 부분인 전전두엽 피질의 성장 속도가 상대적으로 늦어지게 된다. 이로 인해 청소년기에는 아동기나 성인기에 비해 감정적으로 자극을 받는 상황에서 충동적인 행동을 하는 경향이 높아지게 된다(Casey, Rebecca, & Hare, 2008).

또한 청소년기에 나타나는 중요한 변화 중의 하나는 '수초화'다. 수초화(myelination, 미엘린화)는 뇌신경인 뉴런에 전기가 통하지 않도록 전선을 감싸는 피복과 같은 것이 생기는 과정이다. 뇌의 신경(뉴런)은 비유하자면 피복을 입히지 않은 전선 상태로 있다가 수초화가 진행되면서 피복이 입혀지게 되고, 그래서 신경 중간에 피복이 입혀지지 않는 부분으로 전기 전달이 점핑을 하게 된다. 전기 전달을 통해 정보가 전달되는데 점핑을 하게 되면서 결과적으로 정보 전달이 신속하게 진행된다. 이러한 수초화가 일어나야지만 좀 더 성숙한 행동을 하고, 충동을 잘 조절하며, 집중력이 향상된다. 그런데 청소년기에는 아직 이러한 과정이 진행 중이다.

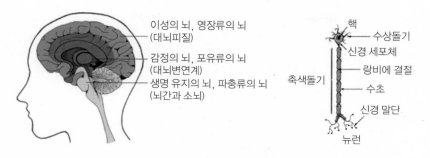

[그림 2-3] 뇌와 뉴런의 구조

청소년기는 신체적이고 심리적인 면 모두에서 '나(정체감)'를 형성하는 시기다. 이 시기에는 모습도 크게 변하고 목소리도 달라지기 시작한다. 청소년들은 '자기 자신'에게 관심이 집중되어 있기 때문에 자신의 외모나 행동 등에 대한 타인의 작은 반응에도 쉽게 상처받거나 과장되게 생각할 수 있다. 또한 아직 윤리 의식이나 도덕성이 형성되는 과정에 있기 때문에 주변 사람들의 생각에 쉽게 영향을 받을 수 있다. 특히 어른보다는 또래와의 관계가 중요하다고 판단하는 시기이기 때문에 친구들의 의견을 무비판적으로 받아들이는 경우가 많다. 따라서 친구들의 사소한 행동도 '나'에 대한 질책이나 부정적인 반응이라고 속단하기 쉬워지고 주변 친구들이 안 좋게 생각하는 것이라면 더욱 쉽게 싫어할 수 있다. 게다가 성 호르몬의 분비가 왕성해지고 뇌의 정서적인 면을 관장하는 부분이 발달하게 되면서 쉽게 흥분하고 감정 기복이 심해지게 된다. 반면에, 뇌의 앞쪽 부분은 충분히 발달하지 않아서 자신의 감정이나 행동을 통제하는 것이 어려울 때도 있다. 그래서 폭력이 안 좋다는 것을 알면서도 반항적이고

폭력적인 모습을 보일 수 있는 것이다.

　따라서 본 학교폭력 예방 프로그램은 학교폭력의 부정적인 면을 강조하기보다는 청소년들에게 중요한 또래 관계를 활용하여 모두 참여하는 활동과 서로의 마음을 이해할 수 있는 활동으로 구성하였다.

|제3장|
학교폭력
예방 프로그램 소개

지금까지 국내의 학교폭력 현황 및 청소년기의 특성에 대해서 간단하게 알아보았다. 이를 바탕으로 이 책에서는 청소년 학교폭력 예방을 위하여 '다가가기-역할극-다독이기'로 구성된 프로그램을 제안한다. 다가가기는 역할극과 다독이기를 진행하기 전에 참가자들의 어색함을 풀어 주는 것을 목적으로 간단한 게임을 진행하는 것이다. 역할극과 다독이기를 원활하게 진행하기 위해서는 참가자들의 적극적인 자세가 선행되어야 한다. 일반적으로 낯선 사람들이 모인 환경에서는 자신의 생각을 자유롭게 말하기 어렵기 때문에, 간단한 게임을 통해서 이러한 어려움을 해결하면 참가자들은 서로 친밀감을 느낄 수 있고, 더불어 참가자와 지도자 사이의 벽을 허물 수 있다. 특히 학교폭력 장면을 재연하고 이에 대한 느낌을 공유하는 다독이기의 경우, 청소년들은 실제 학교폭력 장면에서 누구나 가해자, 피해자, 방관자 역할에 처해 있을 수 있기 때문에 자신의 생각을 표현하는 것이 부담스럽고 어려울 수 있다. 따라서 다가가기를 통해서 참가자들 간에 유대감이 형성되도록 도와 좀 더 편안한 분위기에서 이야기할 수 있도록 해야 한다. 제5장에 소개된 다가가기 프로그램을 참고하여 참가자의 연령, 인원, 프로그램 진행 장소 등에 적절한 다가가기 프로그램을 선정하여 진행한다.

다가가기 프로그램을 진행한 후에는 가해자, 피해자, 방관자로 구성된 역할극을 진행한다. 기존의 단순 전달 방식의 교육에서 탈피하여 참가자들의 주체적인 참여를 유도하여 효과적으로 학교폭력에 대해서 생각해 볼 수 있다. 이 책에서는 원활한 역할극 진행을 위해서 다양한 연령대, 성별, 상황을 고려한 시나리오를 준비하였다. 참가자의 특성을 고려하여 적절한 시나리오를 선택한 후, ① 역할극을 진행하거나, ② 시나리오를 수정하여 역할극을 하거나, ③ 이 책에서 제공한 시나리오를 예시로 새로운 시나리오를 작성하여 프로그램을 진행할 수 있다. 이에 대한 자세한 안내는 제5장에서 살펴볼 수 있다. 시나리오가 완성되면 이를 바탕으로 배역을 정하고 대본을 읽으며 역할극을 진행할 수 있다. 특히 본 프로그램의 역할극에서는 방관자가 가해자를 지지하는 시나리오와 방관자가 피해자를 지지하는 시나리오를 모두 준비하여, 학교폭력 상황에서 방관자가 가해자와 피해자 중 누구를 지지하느냐에 따라 학교폭력이 변화할 수 있다는 점을 강조하고 있다.

마지막으로 다독이기는 역할극을 진행한 후에 이에 대해서 토론하며 이야기를 나누는 시간이다. 역할극을 진행하고 난 후에 이에 대한 느낌을 다시 한 번 정리하면서 참가자는 앞으로의 학교폭력 상황에서 어떻게 대처할지에 대해서 새로이 다짐을 할 수 있을 것이다. 연령대에 맞는 활동지를 선택하여 프로그램을 지도하도록 한다.

|제4장|

지도자의 태도

1. 역할에 대한 이해

이 책에서 제시된 프로그램을 진행하기 전에 지도자는 학교폭력에서의 각 역할의 특징에 대해서 알고 있어야 한다. 다음에 제시하는 역할 특징을 잘 숙지한 후 학생들에게 전달하여 역할극이 보다 원활하게 진행되도록 한다.

1) 가해자

가해자는 학교폭력을 주도하며 적극적으로 괴롭히고 다른 이들의 참여를 유도하는 학생이다. 역할극 시연을 위해 설명할 때 이들의 적극적인 역할을 강조하며 학교폭력 상황을 주도하여 이끌어 가도록 지도한다. 지도자는 가해자가 위협적이고 공격적인 어투와 함께 적대적으로 행동하되 피해자에게 과도한 욕설과 신체 접촉을 하지 않게 사전에 미리 공지하여 역할극이 또 다른 폭력 상황이 되지 않도록 유의해야 한다.

2) 피해자

피해자는 괴롭힘을 당하는 학생이다. 피해자 역할을 할 경우, 역할극에서 시나리오에 따라 자신을 능동적으로 보호하며 학교폭력 상황에 저항할 수도 있고, 반대로 수동적으로 반응하며 상황을 감내하는 역할을 할 수도 있다. 이때 피해자의 행동 양상 그 자체보다는 피해자의 행동을 지지해 주거나 혹은 가해자의 괴롭힘에 동조하는 방관자의 두 가지 역할에 따라 변화되는 상황을 강조하는 것이 좋다.

3) 가해자 지지형 방관자

방관자는 가해자와 피해자를 제외한 모든 학생을 말한다. 역할극에서 가해자 지지형 방관자는 학교폭력 가해자를 지지하는 역할과 폭력 상황을 보고도 아무런 반응도 하지 않는 역할을 하게 된다. 이들 모두 가해자의 행동을 적극적으로 혹은 암묵적으로 지지함으로써 학교폭력 상황이 지속되는 데 일조하게 된다. 역할극 지도자는 방관자가 가해자를 지지함으로써 악화되는 상황을 강조하여 방관자 역할의 중요성을 강조하는 것이 중요하다.

4) 피해자 지지형 방관자

방관자 중에서 학교폭력 피해자를 도와주며 지지하는 학생을 뜻
한다. 역할극에서 피해자 지지형 방관자는 피해자의 편에 서서 가해
자의 괴롭힘을 저지하고 학교폭력 상황이 중단되도록 돕는다. 이들
의 중재 행동은 다른 집단 내 구성원들의 피해자 지지 행동을 유발하
고 집단의 분위기를 형성할 수 있다. 역할극 지도자는 이들의 역할이
학교폭력 장면에 미치는 긍정적인 기능을 강조하고 집단 내 다수의
구성원의 건설적인 영향력을 강조한다.

2. 지도자의 태도

프로그램을 진행하면서 지도자가 할 수 있는 가장 가치 있는 기술
은 주의집중과 경청이다. 참가자는 지도자가 자신에게 주의집중을
하고 있다고 느낄 때 지도자가 자신의 이야기에 관심이 있다고 생각
한다. 따라서 참가자가 자신의 이야기를 표현할 수 있는 다독이기 시
간에 지도자의 효과적인 주의집중은 참가자가 제공하는 정보의 양을
증가시키고 더불어 참가자가 자신의 감정을 보다 쉽게 표출하도록
돕는다.

경청이란 참가자의 이야기를 듣고 이해하는 것을 의미한다. 허친

스와 보트(Hutchins & Vaught, 1997)에 의하면 효과적인 경청은 내담
자가 이야기하는 내용이 무엇인지, 어떻게 이야기하고 있는지를 주
의 깊게 듣는 것을 기본으로 한다.

같은 맥락에서 편안한 눈 맞춤(eye contact)과 웃음 짓는 얼굴 표정
을 유지하는 것 또한 중요하다. 편안한 눈 맞춤이란 관심과 존중을
나타내지만 불편하거나 지배적이지 않은 눈 맞춤을 의미한다. 또한
웃음 짓는 얼굴 표정은 내담자가 친근감을 느끼도록 하여 이야기하
는 것을 격려한다.

따라서 이 책에서 제시하는 프로그램을 진행할 때, 지도자는 참가
자의 이야기에 주의 집중하고 경청하여 지도자가 참가자의 이야기를
들을 준비가 되어 있다는 것을 보여 주어야 한다. 그렇게 할 때 참가
자는 자신들의 이야기를 자유롭게 하고 감정 표출을 쉽게 할 수 있을
것이다.

3. 지도자의 언어

지도자가 사용하는 언어는 편안한 분위기를 조성한다는 측면에서
중요하다. 지도자는 자신의 언어가 참가자와의 라포에 영향을 미칠
수 있음을 고려하여 원활한 의사소통을 하도록 노력해야 한다. 여기
서 라포(rapport)란 신뢰 관계를 의미한다. 지도자와 참가자 간의 라
포가 형성되면 참가자는 안정감을 느끼고 자신의 이야기를 하는 것
이 충분히 가치 있다고 느끼게 된다. 이 프로그램에 참가한 청소년들

에게 전문적인 용어를 사용하는 것은 지도자로부터 거리감을 느끼게 하고 혼란과 오해를 초래할 수 있다.

4. 지도자의 복장

지도자는 자신이 입은 의복의 영향에 대해서 인식하고 그것이 참가자와의 관계에 미치는 영향에 대해서도 알아야 한다. 지도자는 깔끔한 복장을 통해 참가자에게 신뢰 있는 모습을 보여 주어야 한다. 지저분한 옷차림, 과도한 노출, 위화감을 조성하는 특정 브랜드명이 쓰인 의류 및 소품은 삼가도록 한다.

|제5장|

다가가기

　다가가기는 여럿이 나직한 목소리로 서로 정답게 이야기하는 소리 또는 모양을 뜻하는 것으로, 프로그램을 본격적으로 진행하기에 앞서 참가자들이 한층 더 가까워질 수 있는 시간이다. 이를 통해서 참가자는 후에 진행하는 역할극과 다독이기에서 좀 더 편안하게 참여할 수 있을 것이다.

　원활한 다가가기 진행을 위해서 이 장에서는 다양한 다가가기 프로그램을 소개한다. 지도자는 물리적 장소 및 참여 인원을 고려하여 적당한 프로그램을 선택할 수 있다. 또한 지도자 팁을 활용한다면 더욱 원활한 프로그램 진행이 가능하다.

	시간	참여 인원	장소	연령대	준비물
액션 가위바위보!	20분	제한 없음	공간 필요	초등 고학년 이상	1등 증정 상품
당신의 이웃을 사랑하십니까?	30분	제한 없음	공간 필요	초등 고학년 이상	의자(방석)
감정 빙고	30분	제한 없음	실내	제한 없음	종이, 연필, 빙고판, 감정 카드
풍선 배구	30분	6~10명	공간 필요	제한 없음	풍선, 색테이프, 호루라기
미션 임파서블	40분	6명 이상 (짝수)	실내	제한 없음	미션지, 펜, 넓은 장소, 고무줄
감정이완 게임	25분	6명 이상	공간 필요	제한 없음	액세서리 (머리끈, 시계 등)
첫인상 게임	20분	3명 이상	실내	초등 고학년 이상	포스트잇, 펜
줄서기 게임	20분	3명 이상	공간 필요	제한 없음	–
진실 혹은 거짓	15분	2명 이상	실내	초등 고학년 이상	필기구, 상품

다가가기 1: 액션 가위바위보!

시간	20분	참여 인원	제한 없음
연령대	초등 고학년 이상	준비물	1등 증정 상품
내용 및 진행 방법			

3~4개 정도의 동물을 설정하고, 동물에 맞는 동작을 임의로 만든 후, 가위바위보를 해서 이긴 사람이 진화하는 게임으로 게임의 진행 방법은 다음과 같다.

1. 3~4개 정도의 동물을 선정하고, 동물의 위계를 정한다.
• 지렁이 – 토끼 – 고릴라

2. 동물의 특성에 맞는 동작을 임의로 만든다.
• 지렁이: 양손을 붙인 후 "꼬물꼬물" 소리를 내며 움직인다.
• 토끼: 손으로 토끼 귀를 만든 후 "깡총깡총" 소리를 낸다.
• 고릴라: 양손으로 가슴을 두드리며 "릴라릴라" 소리를 낸다.

3. 처음에 모두 첫 번째 단계의 동물로 시작하며, 그 동물에 해당하는 동작을 반복한다.

4. 같은 단계의 동물끼리만 가위바위보를 하여, 이긴 사람은 다음 단계의 동물로 진화하고, 진 사람은 아래 단계의 동물로 돌아간다.

5. 정해진 시간이 끝나면, 제일 높은 단계의 캐릭터로 남아 있는 사람이 이 게임의 승자가 된다.

지도자 역할 및 팁

- 서서 돌아다니며 해야 하는 게임이므로 공간이 필요하다.
- 게임 시간은 최소 1분의 시간 제한을 둔다. 인원이 많거나 학생들의 분위기가 좋다면 몇 분 연장해도 좋다.
- 캐릭터의 동작을 크게 하도록 지시한다.
- 게임이 시작되면 학생들을 지켜보다가 같은 캐릭터의 상대가 없어 가위바위보를 하지 못하는 학생들이 있을 경우, 지도자가 대신 가위바위보의 짝을 해줘서 학생이 다시 활동에 참여할 수 있도록 한다.
- 만약 1분을 제한 시간으로 둔다면 30초, 10초 등이 남았을 때 남은 시간을 학생들에게 알려 줌으로써 좀 더 활동적으로 참여할 수 있게끔 만든다.
- 이 게임을 하는 목적 중 새로운 사람들과의 어색함을 깨기 위한 것도 포함되므로, 만약 익숙한 사람들 혹은 제한된 사람들과만 가위바위보를 하는 학생이 보인다면 새로운 사람을 만나서 게임을 할 수 있도록 이끌어 준다.
- 과자나 학용품과 같은 작은 것이라도 상품을 준비하면 좋다. 상품은 학생들의 참여도를 매우 높일 수 있다.

다가가기 2: 당신의 이웃을 사랑하십니까?

시간	30분	참여 인원	제한 없음
연령대	초등 고학년 이상	준비물	의자(방석)
내용 및 진행 방법			

참가자들끼리 서로 관심을 갖게 되고 어색함 속에서도 즐거움을 느낄 수 있는 활동으로, 자리를 얻지 못하게 되면 술래가 되는 게임이다.

1. 의자(혹은 방석)는 원 모양으로 게임에 참가하는 인원수에서 하나 부족하게 배치한다.

2. 술래는 원 안으로 들어가서, 앉아 있는 구성원 중 한 명에게 다가가 "당신의 이웃을 사랑하십니까?"라고 질문한다.

3. 지목당한 사람은 "예." 혹은 "아니요."로 대답할 수 있다.

4. "예."라고 대답한 경우, 지목받은 사람의 양옆에 앉은 사람 두 명은 서로 자리를 바꿔야 하고 동시에 술래도 빈자리에 앉아야 한다. 이때 자리에 앉지 못한 참가자는 술래가 된다.

5. "아니요."라고 대답한 경우, 술래는 "그렇다면 어떤 이웃을 사랑하십니까?"라고 다시 질문한다. 지목받은 사람은 특정한 조건을 가진 이웃을 사랑한다고 대답을 한다.
- "그렇다면 어떤 이웃을 사랑하십니까?"
- "안경 쓴 이웃을 사랑합니다."
- "노란색 옷을 입은 이웃을 사랑합니다."
- "머리를 묶은 이웃을 사랑합니다."

6. 지목받은 사람의 조건에 해당하는 참가자는 모두 일어나서 기존에 자신이 앉았던 자리를 제외한 새로운 자리에 앉는다. 동시에 술래도 빈자리에 앉아야 하고 자리에 앉지 못한 참가자는 술래가 된다.

7. 마지막에 남는 사람은 패자가 된다.

지도자 역할 및 팁

- 게임의 규칙이 다소 이해하기 힘들 수 있으므로 게임을 시작하기 전에 연습을 시행한다.
- 게임이 과열되면 서로 부딪치거나 다치는 경우가 생길 수 있으므로 지도자는 수시로 안전에 유의할 것을 언급해 준다.

다가가기 3: 감정 빙고

시간	30분	참여 인원	제한 없음
연령대	제한 없음	준비물	종이, 연필, 빙고판, 감정 카드
내용 및 진행 방법			

역할극을 진행하기 전에, 다양한 감정에 대해 알아볼 수 있는 게임이다.

1. 기분을 나타내는 다양한 표현에 대해서 설명해 준다.
• 감정 예시: 행복함, 기쁨, 화남, 역겨움, 슬픔, 무서움, 편안함, 실망함, 지루함, 긴장함, 분노함, 우울함, 속상함, 느긋함, 당당함, 통쾌함, 뿌듯함, 쓸쓸함, 답답함, 억울함, 짜증남, 고마움, 걱정됨, 멍함, 명랑함, 그리움, 억울함 등

2. 앞에서 배운 다양한 표현을 바탕으로 빙고판에 표현을 적는다.

3. 돌아가면서 빙고 안의 단어를 말하도록 한다. 이때 자신이 말하는 빙고 칸에 해당하는 감정 표현과 관련된 자신의 경험을 말한다.
• "행복함이요. 전 친구들과 함께 놀 때 행복해요."
• "쓸쓸함이요. 친구들이 저만 빼고 급식실에 갈 때 쓸쓸해요."

4. 빙고를 가장 먼저 완성한 사람이 승리한다.

* 부록의 감정 빙고판 및 위의 감정 예시 참조

지도자 역할 및 팁

• 연령이나 수준을 고려하여 준비한 감정의 예시를 보여 준다.

🏛 다가가기 4: 풍선 배구

시간	30분	참여 인원	6~10명
연령대	제한 없음	준비물	풍선, 색테이프, 호루라기
내용 및 진행 방법			

1. 색테이프를 이용해 바닥에 인원에 맞는 적절한 크기의 배구장 선을 그린다.

2. 대표를 2명 선발하여 가위바위보 혹은 사다리 타기로 팀을 나누도록 한다.

3. 경기는 5전 3승/3전 2승 중 적당한 방향으로 진행한다.

4. 각 팀마다 팀을 대변할 수 있는 구호를 만든다(선택 사항).

5. 풍선공을 터치할 때마다 구호를 외치게 한다(선택 사항).

6. 구호를 외치지 않을 시 서브권을 상대팀에게 넘긴다(선택 사항).

지도자 역할 및 팁

• 경기 결과에 따라 진 팀의 경우 감정이 상할 수 있기 때문에, 지도자는 위의 선택 사항을 적절하게 활용하여 참가자들이 긍정적인 정서를 가질 수 있도록 분위기를 잘 조성해야 한다.
• 원활한 게임 진행과 효과적인 결과를 위해 양쪽 팀에 참가자의 성별을 고르게 배분하는 것이 중요하다.

다가가기 5: 미션 임파서블

시간	40분	참여 인원	6명 이상(짝수)
연령대	제한 없음	준비물	미션지, 펜, 넓은 장소, 고무줄
내용 및 진행 방법			

1. 참가자들에게 10~15개의 미션이 적힌 종이를 배부한다.

2. 주어진 시간 동안 미션지에 있는 미션을 수행하고, 확인란에 상대방의 이름을 직접 받는다.

3. 가장 적은 미션을 수행한 참가자에게 벌칙을 시행한다.

* 부록의 미션 임파서블 활동지 참조

지도자 역할 및 팁

• 소외되는 참가자가 있다면, 짝이 없는 참가자와 함께 활동할 수 있도록 짝을 지어 준다.

다가가기 6: 감정이완 게임

시간	25분	참여 인원	6명 이상
연령대	제한 없음	준비물	액세서리 (머리끈, 시계 등)
내용 및 진행 방법			

1. 참가자의 반을 방 밖으로 나가게 한다.

2. 방 안에 남은 참가자들은 정해진 시간 동안 서로의 외향에 변화를 준다.
• 미리 액세서리를 준비해서 착용한다.
• 서로의 소품을 교환한다.
• 셔츠의 단추를 푼다.
• 신발을 바꿔 신는다.
• 머리 모양에 변화를 준다.

3. 밖에 나갔던 참가자들이 방에 들어와서 어떤 변화가 있었는지 발견하여 말한다.

* 팀 게임 형식으로 진행되며 바꿀 개수를 미리 정해 놓고 시작한다(세 가지 변화).

지도자 역할 및 팁

• 지도자는 참가자의 연령에 맞추어 난이도를 조절하도록 돕는다.
• 장소가 협소할 경우 밖으로 나가지 않고 뒤돌아 있도록 한다.

다가가기 7: 첫인상 게임

시간	20분	참여 인원	3명 이상
연령대	초등 고학년 이상	준비물	포스트잇, 펜
내용 및 진행 방법			

다른 참가자들이 본 자신의 첫인상이 적힌 포스트잇을 등 뒤에 붙이고 같이 이야기하면서 서로의 장점에 대해서 이야기할 수 있는 게임이다.

1. 참가자 모두에게 포스트잇을 나누어 준다. 적을 수 있는 필기구도 나누어 준다.

2. 팀을 나눈다. 최소 2~3명이 한 팀이 된다.

3. 같은 팀끼리 1~2분 정도 서로 자신을 소개할 시간이 주어진다.

4. 시간이 지나면 각자 가지고 있는 포스트잇에 같은 팀원들 각각에 대한 첫 인상을 작성한다. 개인을 설명하는 다정하고 좋은 단어나 형용사를 쓸 수 있다. 그리고 그 첫인상의 당사자는 보지 못하게 그 사람의 등에 포스트잇을 붙인다.

5. 팀원들을 교체하여 다른 사람들과 이야기할 수 있게 한다. 스텝 3번과 4번을 반복한다. 이렇게 모든 참가자가 돌아가면서 서로 한 번씩 이야기 하게 되고, 서로의 첫인상을 쓸 수 있도록 팀을 배정한다.

6. 모든 스텝이 끝나면 모든 참가자를 한자리에 모이게 하고, 한 명씩 앞으로 나와서 자신의 등 뒤에 무엇이 적혀 있는지 보고 읽게 한다. 그리고 그것에 대해 다른 참가자들과 이야기할 수 있게 한다. 예를 들면, 자신을 좋게 봐 준 참가자들에게 하고 싶은 말, 모든 포스트잇을 보고 난 후 소감, 어떤 면에서 자신의 첫인상을 이렇게 보았는지 등을 참가자들에게 물어볼 수 있도록 지도한다.

지도자 역할 및 팁

• 첫인상을 적을 때 부정적인 단어는 쓰지 못하게 한다. 긍정적이고 격려하거나 좋은 말을 쓰도록 지시한다(예: 좋은 유머 감각, 예쁜 미소, 똑똑함, 경청 등).
• 참가자들이 각자의 첫인상을 발표한 후에는 그것들을 더 강화/지지해 줄 수 있도록 아낌없는 칭찬과 박수를 보내 준다.

다가가기 8: 줄서기 게임

시간	20분	참여 인원	3명 이상
연령대	제한 없음	준비물	–
내용 및 진행 방법			

학생들에게 조건을 주고, 그에 맞게 줄을 서게 하는 게임이다. 이 게임을 통해서 학생들은 서로에 대해 물어보고 알아 가며 친해지게 된다.

1. 지도자는 학생들에게 다음의 예시와 같은 조건을 주고 그에 맞게 줄을 설수 있도록 지도한다.
- 키가 큰 사람부터 작은 사람 순으로 줄 서기
- 생일이 1월부터 12월 순으로 줄 서기
- 신발 사이즈가 작은 사람부터 큰 사람 순으로 줄 서기
- 성이 ㄱ부터 ㅎ 순으로 줄 서기
- 머리카락의 길이가 짧은 사람부터 긴 사람 순으로 줄 서기

지도자 역할 및 팁

- 참여 인원이 많다면 그룹을 나누어 경쟁을 시킬 수도 있다. 제한 시간을 둔다거나 누가 더 빨리 조건에 맞게 줄을 섰는지 시간을 재며 서로의 협력을 더 돋울 수 있다.
- 게임을 시작하기 전에 학생의 특성을 고려하고 조건을 구상해야 한다. 예를 들면, 학생들이 모두 남학생일 경우 머리카락의 길이를 조건으로 한다면 의미가 없을 것이다. 따라서 그날의 학생들에 따라서 조건을 첨가하거나 건너뛰도록 한다.
- 더 '잘'하는 순서를 조건으로 내지 않도록 한다. 예를 들어, 누가 피아노를 더 잘 치는지, 영어를 더 잘하는지와 같이 능력을 비교하는 조건을 사용한다면 상처받게 되는 학생이 있을 것이므로 조심해야 한다.

다가가기 9: 진실 혹은 거짓

시간	15분	참여 인원	2명 이상
연령대	초등 고학년 이상	준비물	필기구, 상품
내용 및 진행 방법			

1. 학생들에게 1~2분가량 시간을 주어 각자 자기와 관련된 3개의 서술문을 쓰게 한다. 이 3개의 문장들은 다른 학생들이 모르는 정보일 수도 있다. 이 중에 2개는 진실한 서술이고 1개는 거짓된 서술이다. 예를 들면, 다음 3개의 문장에서 1번과 3번은 진실이고 2번은 거짓이다.
① 나는 외동딸이다.
② 나는 미국에서 태어났다.
③ 나는 고양이 두 마리를 키우고 있다.

2. 자신과 관련된 3개의 서술문을 발표하게 하고 다른 학생들이 그것들에 대해 생각할 시간을 조금 준 후, 어떤 것이 진실이고 어떤 것이 거짓인지 자신의 의견을 내며 추측하게 한다.

3. 발표자가 어떤 문장이 거짓인지 답을 말하게 하고 그에 대해 서로 궁금한 것이나 말하고자 하는 것이 있다면 서로 알아 가는 것이 이 게임의 목적이므로 서로 이야기를 더 나누도록 유도한다.

4. 거짓 문장을 맞힌 사람에게는 1점이 부여되고 지도자는 점수판에 기록을 한다.

5. 발표 순서는 옆으로 돌아가면서 하거나 아니면 발표를 한 사람이 다음 사람을 지목하게 할 수 있으며 계속 같은 규칙이 적용된다.

지도자 역할 및 팁

- 지도자도 같이 참여하면서 참가자들과 좀 더 알아가도록 하면 좋다.
- 거짓 문장을 발표할 때 얼굴 표정에 나타나거나 티가 나지 않도록 주의를 준다. 진실한 문장들과 순서를 섞도록 하고, 3개의 문장 모두 동일한 톤과 속도로 말하도록 독려한다.
- 거짓 문장을 제일 많이 맞힌 사람에게 상품을 준다고 공지하여 적극적으로 게임에 참여하도록 유도한다.

| 제6장|

역할극

다가가기 활동을 한 후에는 학교폭력의 예방을 위한 역할극을 시행한다. 이는 학교폭력에 대한 기존의 단순 전달 방식의 교육에서 학생 눈높이에 맞는 체험형 교육으로 전환한 것으로, 이를 통해 실효성 있는 예방교육이 가능하게 한다.

실제로 폭력 현장에 있는 학생들은 어떤 생각과 감정을 가질 수 있을까? 피해학생이 아닌 다른 사람들은 피해학생이 어떤 마음으로 폭력을 경험할지 알 수 있을까? 학교폭력을 예방하고 폭력에 적절하게 대처하기 위해서 학생들이 이러한 상황을 느껴 보는 것이 도움이 될 것이다. 막연하게 '나라면 이렇게 할 텐데.'로 그치지 않고 간접적으로나마 자신의 경험으로 느껴 보는 것이 폭력의 부당함과 비도덕성을 생각할 수 있는 계기가 되지 않을까 싶다. 이러한 경험을 할 수 있는 다양한 방법 중에서 효과적인 것으로 역할극을 생각해 볼 수 있다. 즉, 하나의 상황에서 자신이 맡은 역할을 하면서 그 인물이 되어 보는 것이다.

기존 연구에 따르면 참가자들은 역할극을 통해 학교폭력 상황에 처한 집단 구성원의 태도를 연기하는 과정에서 내면의 생각을 쉽게 표현함으로써 주변을 둘러싼 학교폭력 상황에 대해 돌아볼 수 있는 기회를 갖는다(주경희, 2007). 또한 피해학생들은 자신의 의견을 주장하게 되고 대인관계 기술을 습득할 수 있으며 심리적인 고통을 치유할 수 있게 된다. 마지막으로, 역할극을 통해서 피해자에게 공감을 할 수 있다. 피해자에 대한 공감은 프로그램에 참여한 학생들로 하여금 피해학생의 고통을 간접적으로 체험하도록 하여 학교폭력 현장에서 좀 더 적극적으로 대처 할 수 있도록 할 것이다.

이 책에서 제안하는 역할극의 경우 피해자, 가해자로 구성된 기존의 역할극과는 달리 피해자, 가해자, 방관자로 구성된 역할극을 진행한다. 방관자는 가해자를 지지하는 방관자와 피해자를 지지하는 방관자로 나눌 수 있다. 이들이 역할극에 참여하게 되면 가해자를 부추겨서 괴롭힘을 돕거나 그냥 지켜보기만 하는 학생들이 타인을 이해하게 되면서 피해자를 위로하거나 가해학생의 행동을 멈출 수 있게 하는 피해자 지지 방관자의 역할을 할 수 있게 된다고 한다(곽금주, 2008; 정제영, 이승연, 오인수, 강태훈, 류성창, 2013). 즉, 이 장에서는 가해자, 피해자, 가해자를 지지하는 방관자, 피해자를 지지하는 방관자가 등장하는 역할극을 진행하여 방관자의 태도에 따라서 학교폭력을 예방할 수 있다는 메시지를 전달하고자 한다. 따라서 기존의 역할극과 차별화된 역할극 구성을 통해서 학교폭력을 예방하기 위해서는 학교 구성원 모두의 협조가 필요하다는 것을 학습할 수 있다.

이 장에서는 원만한 역할극 진행을 위해서 다양한 상황의 역할극 시나리오 및 시나리오 활용 방안을 제시한다. 제시한 시나리오 및 활용 방안은 참가자들의 인원, 연령대에 따라서 선택하여 사용 가능하다. 다음의 목록을 참고하여 적절한 시나리오 목록을 선택할 수 있다.

시나리오 목록

시나리오 1: 온라인 상황에서의 따돌림(초 · 중 · 고등학생 대상)

시나리오 2: 오프라인 상황에서의 따돌림(초등학생 대상)

시나리오 3: 오프라인 상황에서의 따돌림(중 · 고등학생 대상)

시나리오 4: 오프라인 상황에서의 물건 갈취(초등학생 대상)

시나리오 5: 오프라인 상황에서의 물건 갈취(중 · 고등학생 대상)

시나리오 6: 오프라인 상황에서의 따돌림(초등학생 대상)

시나리오 7: 오프라인 상황에서의 따돌림(중 · 고등학생 대상)

시나리오 8: 오프라인 상황에서의 따돌림(초등학생 대상)

시나리오 9: 오프라인 상황에서의 따돌림(중 · 고등학생 대상)

시나리오 활용 방안

1. 이 장의 시나리오 활용

지도자는 이 장에 제시된 시나리오를 바탕으로 역할극을 진행할 수 있다. 이 활용 방안의 경우 프로그램 참가자의 수가 소수이며 프로그램 진행 시간이 1~2시간 이내일 경우에 적합하다.

① 이 장에 제시된 시나리오 중 적절한 시나리오를 선택
② 시나리오를 참가자들에게 배부
③ 시나리오의 등장인물에 따라 역할 배정(가해자, 피해자, 방관자)
④ 가해자 지지 유형의 역할극 진행
⑤ 피해자 지지 유형의 역할극 진행

2. 시나리오 각색

지도자는 참가자들이 이 장에 제시된 시나리오를 자신의 경험에 비추어 부분 수정하여 작성하게 한 후, 이를 바탕으로 역할극을 진행할 수 있다. 프로그램 참가자의 수가 5~6명 이내이고 프로그램 진행 시간이 2시간 이상인 경우 적합하다.

① 이 장에 제시된 시나리오 중 적절한 시나리오를 선택
② 시나리오를 참가자들에게 배부
③ 시나리오를 읽고, 참가자들의 경험을 바탕으로 시나리오를 수정
④ 시나리오의 등장인물에 따라 역할 배정(가해자, 피해자, 방관자)
⑤ 가해자 지지 유형의 역할극 진행
⑥ 피해자 지지 유형의 역할극 진행

3. 시나리오 집필

지도자는 참가자들이 이 장에 제시된 시나리오를 예시로 활용하여 직접 새로운 시나리오를 작성하게 한 후, 이를 바탕으로 역할극을 진행할 수 있다. 프로그램 참가자의 수가 7~8명 이상이고 프로그램 진행 시간이 3시간 이상인 경우 적합하다.

① 이 장에 제시된 시나리오 중 적절한 시나리오를 선택
② 시나리오를 참가자들에게 배부
③ 시나리오를 읽은 후, 참가자들의 학교폭력 경험에 대해서 공유
④ 앞서 나온 내용을 바탕으로 시나리오의 큰 주제 설정
⑤ 가해자 지지 유형의 시나리오 집필
⑥ 피해자 지지 유형의 시나리오 집필
⑦ 시나리오의 등장인물에 따라 역할 배정(가해자, 피해자, 방관자)
⑧ 가해자 지지 유형의 역할극 진행
⑨ 피해자 지지 유형의 역할극 진행

4. 시나리오 활용에 대한 전문가 제안

지도자는 이상의 시나리오 활용 방안을 바탕으로 본 프로그램에 제시된 시나리오를 활용할 수 있다. 이때 프로그램에 참여한 인원이 많은 경우(10명 이상), 5~10명 사이의 팀을 구성하여 팀별로 역할극을 진행할 수 있다. 또한 원활한 프로그램 진행을 위하여 리더 및 감독, 작가, 배우 등의 역할을 부여할 수 있다. 시간이 1~2시간으로 제한되어 있다면 시나리오의 주제를 정한 후, 두 팀을 나누어 각각 가해자 지지, 피해자 지지의 역할극을 진행할 수 있다.

더불어 프로그램 참가자의 연령이 상이할 경우 역할극을 진행할 때 호칭 때문에 어려움을 겪을 수 있다. 따라서 연령이 다른 경우라면 역할극을 진행하기 전에 별명을 지어 부름으로써 이러한 문제를 해결할 수 있다(부록의 이름표 참조).

시나리오 1: 온라인 상황에서의 따돌림

대상	초 · 중 · 고등학생	방관자 역할	가해자 지지

가해자와 피해자는 원래 친한 친구였으나 사이가 나빠졌다. 가해자는 자신의 카카오스토리/페이스북에 피해자를 험담하는 글을 올렸다.

피해자: (가해자가 자신을 험담한다는 사실을 알고 흥분하며) 야! 너 어제 카스에 내 욕 올렸더라?

가해자: (한 번 힐끗 쳐다보고 비웃는다.)

피해자: 야? 야!

가해자: (무시한 채 지나간다.)

가해자: (교실로 들어와서 큰 소리로) 얘들아! ○○(피해자)이 진짜 이상하지 않냐? ○○이 좀 혼내 주고 싶은데 우리 카스 말고 단톡방 만들어서 거기서 이야기하자. 어때?

방관자: (웃으면서) 그거 좋은데? 내가 다른 애들도 대화 상대로 초대할게.

가해자: (흡족하다는 듯이) 콜! 많으면 많을수록 좋아. 내가 지금 바로 단톡방 만들어서 너부터 초대할게.

가해자는 단체 채팅방을 개설하여 친구들과 함께 피해자를 험담한다.

가해자: ○○이 이름 부르기도 짱나. 그냥 우리 편하게 '찐따'라고 하자.

방관자: 콜! 지 이름하고 안 어울림. 찐따가 훨 잘 어울림.

가해자: (피해자 사진을 업로드하며) 얘들아! 오늘 찐따 급식실에서 혼자 밥 먹는 사진 찍었는데 누가 보면 밥이 아니라 똥 씹는 줄 알겠어.

방관자: 대박! 진심 찐따 같아.

가해자: 저렇게 먹을 거면 왜 먹냐. 아냐, 먹지를 말든가 먹을 거면 좀 제대로 먹든가. 저게 뭐임 거지같이.

방관자: 야, 내버려 둬. 저러니까 찐따지.

가해자: 애들아, 우리 다 같이 프사 바꾸자! 방금 내가 올린 찐따 사진으로. 어때?

방관자: 대박! 콜콜!

가해자: 프사 바꾼 김에 프로필명도 바꾸자! '똥 씹는 찐따'로.

방관자: 프사랑 프로필 다 바꿈.

가해자: 좋아! 찐따 주제에 까불고 있어. 혼 좀 나 봐야 정신을 차리지.

방관자: 아, 내 말이.

가해자: 찐따면 찐따답게 조용히 살아야지.

피해자는 가해자와 가해자의 친구들 20여 명이 자신을 따돌린다는 것을 카카오톡을 통해 알게 되었다.

피해자: (억울하다는 듯이) 야…… 너 나한테 어떻게 그럴 수 있어?

가해자: (아무것도 모른다는 표정으로) 어? 뭐가?

피해자: (울먹거리며) 모르는 척하지 마. 너랑 애들 카톡 프사랑 프로필 다 봤어.

가해자: (비웃으며) 꺼져! 찐따 주제에. 애들아, 방금 찐따가 나한테 말 걸었어. 짜증나.

방관자: (어이없다는 표정으로) 야, 됐어. 대꾸하지 말고 그냥 무시해.

대상	초 · 중 · 고등학생	방관자 역할	피해자 지지

가해자와 피해자는 원래 친한 친구였으나 사이가 나빠졌다. 가해자는 자신의 카카오스토리/페이스북에 피해자를 험담하는 글을 올렸다.

피해자: (가해자가 자신을 험담한다는 사실을 알고 흥분하며) 야! 너 어제 카스에 내 욕 올렸더라?

가해자: (한 번 힐끗 쳐다보고 비웃는다.)

피해자: 야? 야!

가해자: (무시한 채 지나간다.)

가해자: (교실로 들어와서 큰 소리로) 얘들아! ○○(피해자)이 진짜 이상하지 않냐? ○○이 좀 혼내 주고 싶은데 우리 카스 말고 단톡방 만들어서 거기서 이야기하자. 어때?

방관자: (의아해하며) 왜? 무슨 일 있어?

가해자: (짜증난다는 듯이) 아니, ○○이가 어이없게 굴잖아.

방관자: (걱정하며) 무슨 일인지는 잘 모르겠는데 너희 친하게 잘 지냈잖아. 그러지 말고 ○○이하고 이야기해서 풀어.

가해자는 단체 채팅방을 개설하여 20여 명의 친구들과 함께 피해자를 험담한다.

가해자: ○○이 이름 부르기도 짱나. 그냥 우리 편하게 '찐따'라고 하자.

방관자: ○○이하고 이야기해서 풀라니까 안 해 봤어?

가해자: (피해자 사진을 업로드하며) 몰라. 오늘 찐따 급식실에서 혼자 밥 먹는 사진 찍었는데 누가 보면 밥이 아니라 똥 씹는 줄 알겠어.

방관자: 매일 너랑 같이 먹다가 혼자 먹어서 그런 것 같은데?

가해자: 저렇게 먹을 거면 왜 먹냐. 아냐, 먹지를 말든가 먹을 거면 좀 제대로 먹든가. 저게 뭐임 거지같이.

방관자: 무슨 일인지는 잘 모르겠지만 그러지 말고 ○○이하고 이야기해서 풀어. 안 그래도 ○○이가 너하고 다투고 나서 많이 힘들어하는 것 같던데……. 그리고 너 원래 ○○이하고 둘도 없는 베프였잖아.

가해자: 그건 옛날이야기지.

방관자: 네가 왜 서운하고 화나는지 이야기해 봐. ○○이는 네가 친구들이랑 같이 자기 욕하고 있는 거 알고 울더라.

가해자: (놀라며) 그래? 울었다고?

방관자: 어쩌면 ○○이는 네가 먼저 다가와 주길 기다리고 있는지도 몰라.

가해자: (망설이다가) 알겠어…….

피해자: (가해자에게 울먹거리며) 야. 너 나한테 어떻게 그럴 수 있어?

가해자: (아무것도 모른다는 표정으로) 어? 뭐가?

피해자: (울먹거리며) 모르는 척하지 마. 네가 애들이랑 내 욕하는 거 다 알아. 난 너랑 화해하고 예전처럼 지내고 싶은데…….

가해자 : (미안해하며) 안 그래도 너랑 이야기하려고 했어. 이따 집에 갈 때 이야기하자. (교실로 들어와서 방관자에게) 나 이따 집에 갈 때 ○○이랑 이야기해 보려고.

방관자: (미소 지으며) 야~ 잘했어!

가해자: (부끄러워하며) 다 네 덕이야. 고마워!

시나리오 2: 오프라인 상황에서의 따돌림

대상	초등학생	방관자 역할	가해자 지지

가해자: (피해자를 툭 치면서) 야, 셔틀! 이거 좀 해라! (수학 문제집을 피해자의 책상에 던진다.)

피해자: (놀라서 가해자를 쳐다본다.)

방관자: (박장대소한다.) 푸하하. (비아냥거리며) 셔틀이래!

가해자: 이거 학원 숙제인데 나 지금 축구 하러 나가야 해서 시간이 없어!

피해자: (놀람 반, 무서움 반) 어? 어?

방관자: (한 대 때릴 듯이) 야, 어버버버 하지 마! 넌 말도 못하냐?

가해자: (문제집을 직접 펴 주며) 야, 여기서부터 여기까지 풀면 돼!

피해자: 어…… 아니, 나는…….

가해자: (인상 쓰며) 뭐? 뭐? 못하겠다고?

방관자: 뭐냐 얘, 지금 말대꾸하나? (가해자를 가리키며) 너 얘 누군지 몰라?

피해자: (책상만 쳐다보며 고개를 숙이고 있다.)

방관자: (피해자를 툭툭 치며) 야, 대답을 해, 대답을! 얘가 개기네!

가해자: 야, 그래서 하기 싫다고? 지금 나한테 반항하냐? 너 맞고 싶냐?

피해자: (손을 내저으며) 아니, 아니야. 그런 거 아니야…….

방관자: (피해자를 보고 웃는다.) 이 자식 겁먹은 거 봐. 야, 얘 일진형이랑 엄청 친해!

가해자: 야, 어려운 것도 아니잖아~

피해자: (작은 목소리로) 나도 아직 수학 숙제 안 했어…….

방관자: (가해자에게) ○○(가해자)야, 나도 축구 같이 하면 안 돼?

가해자: (피해자에게) 야, 우리 학원 선생님 엄청 무서워! 숙제 안 하면 우리 엄마한테 전화한단 말이야!

피해자: (당황한 목소리로) 어?

방관자: 야, ○○네 엄마 엄청 무서워~ 너 ○○ 말 안 들으면 얘네 엄마가 너 혼내러 올 수도 있어!

가해자: 그러니까 얼른 숙제 해 놔~

피해자: (가해자를 불쌍한 눈으로 쳐다보며) 다 못할 거 같아. 나 수학 잘 못 해…….

방관자: 야, 일진형 불러와야겠다.

가해자: (짜증내며) 야…… 그냥 좀 해!

피해자: (고개 숙이고 책상만 바라보고 있다.)

방관자: 아, 진짜 얘 자꾸 빡치게 하네. 넌 말도 안 듣고 수학도 못하고 멍청 이냐?

가해자: 야, 이따 학교 끝날 때까지 다 해 놔!

피해자: (작은 목소리로) 어…… 응…….

방관자: (실실 웃고 있다.)

가해자: (피해자의 머리를 쓰다듬으며) 그래~ 일진형한테 너에 대해서 잘 말해 줄게! 말 잘 듣는다고!

방관자: 우리 셔틀~ 고생 좀 해~

가해자: 야, 나 축구 하러 간다!

방관자: ○○야! 나도 같이 축구 하러 갈래!

대상	초등학생	방관자 역할	피해자 지지

가해자: (피해자를 툭 치면서) 야, 셔틀! 이거 좀 해라! (수학 문제집을 피해자의 책상에 던진다.)

피해자: (놀라서 가해자를 쳐다본다.)

방관자: (놀라서 피해자와 가해자를 번갈아 쳐다본다.)

가해자: 이거 학원 숙제인데, 나 지금 축구 하러 나가야 해서 시간이 없어!

피해자: (놀람 반, 무서움 반) 어? 어?

방관자: (계속 피해자와 가해자를 주의 깊게 쳐다보며 다가온다.)

가해자: (문제집을 직접 펴 주며) 야, 여기서부터 여기까지 풀면 돼!

피해자: 어…… 아니, 나는…….

가해자: (인상 쓰며) 뭐? 뭐? 못하겠다고?

방관자: 야, ○○○(가해자)! 너 지금 뭐하는 거야?

피해자: (책상만 쳐다보며 고개를 숙이고 있다.)

방관자: (피해자 앞에 나서며) 왜 지금 강제적으로 얘한테 네 숙제를 시키는 건데?

가해자: (방관자를 쳐다보며) 넌 뭐야? (피해자에게) 야, 그래서 하기 싫다고? 야, 지금 나한테 반항하냐? 너 맞고 싶냐? 너 일진형 알아? 나 그 형이랑 친한데 그 형 불러올까?

피해자: (손을 내저으며) 아니, 아니야. 그런 거 아니야…….

방관자: (가해자에게) 지금 협박하는 거야? 같은 반 친구들끼리 지금 뭐하는 거야? 네 숙제는 네가 해야지 왜 남을 시켜? 너 선생님한테 이를 거야!

가해자: 야, 어려운 것도 아니잖아~ △△△(방관자)! 너 선생님한테 이르기만 해 봐!

피해자: (작은 목소리로) 나도 아직 수학 숙제 안 했어…….

방관자: 그럼 그렇게 쉬운 거 네가 하지 왜 남을 시켜? □□(피해자)도 자기 숙제 아직 안 했다고 하잖아! 너 이거 지금 나쁜 짓이야!

가해자: (방관자와 피해자에게) 야, 우리 학원 선생님 엄청 무서워! 숙제 안 하면 우리 엄마한테 전화한단 말이야!

피해자: (당황한 목소리로) 어?

방관자: (어이없다는 표정으로) 야, 우리 학원 선생님이 더 무섭거든?

가해자: (억울하단 듯이) 아오…… 나한테 왜 그래? 그럴 수도 있는 거지!

피해자: (가해자를 불쌍한 눈으로 쳐다보며) 나 수학 잘 못해…….

방관자: 같은 반 친구인데 왜 이용하려고 해? 너 지금 이러는 거 학교폭력인 줄 몰라? 얘들아, 가서 선생님 불러와!

가해자: (짜증내며) 하…… 야, 알았어, 알았다고! 되게 뭐라고 하네!

피해자: (고개 숙이고 책상만 바라보고 있다.)

방관자: (가해자에게) 너 자꾸 이러면 선생님한테 다 말할 거야!

가해자: (당황해하며) 아…… 진짜…… (피해자와 가해자에게) 야! 내가 장 난이었어! 어디 무서워서 장난도 못 치냐!

피해자: (작은 목소리로 방관자에게) 정말 고마워~

방관자: (피해자에게) 아니야, 친구로서 당연히 도와줘야지! 걱정 마~

시나리오 3: 오프라인 상황에서의 따돌림

대상	중 · 고등학생	방관자 역할	가해자 지지

가해자: (피해자를 툭 치면서) 야, 셔틀! 이거 좀 해! (수학 공책을 피해자의 책상에 던진다.)

피해자: (놀라서 가해자를 쳐다본다.)

방관자: (박장대소한다.) 푸하하, 셔틀이래!

가해자: 야, 나 수학이 틀린 문제 깜지 쓰라고 했어. 근데 나 지금 바쁘니까 네가 대신 써 놔!

피해자: (놀람 반, 무서움 반) 어? 어?

방관자: (한 대 때릴 듯이) 야, 어버버버 하지 마라!

가해자: (공책에 있는 문제들을 직접 펴 주며) 야, 이 엉아가 네가 고생할까 봐 맨 위에 문제들은 다 써 줬다~ 인심 썼다~

피해자: 어…… 아니, 나는…….

가해자: (인상 쓰며) 뭐? 뭐? 못하겠다고?

방관자: 뭐냐 이 자식, 지금 말대꾸하냐?

피해자: (책상만 쳐다보며 고개를 숙이고 있다.)

방관자: (피해자를 툭툭 치며) 야, 대답을 해, 대답을!

가해자: 야, 그래서 지금 하기 싫다고? 지금 나한테 반항하냐? 너 맞고 싶냐?

피해자: (손을 내저으며) 아니, 아니야. 그런 거 아니야…….

방관자: (피해자를 보고 웃는다.) 이 자식 쪼는 거 봐!

가해자: 야, 어려운 것도 아니잖아~

피해자: (작은 목소리로) 나도 아직 수학 숙제 안 했어…….

방관자: 야, 아직 시간 많거든? 이거 해도 네 숙제 할 시간 있거든?

가해자: 야, 너는 무슨 숙제도 안 하고 학교를 다니냐?

피해자: (당황해하며) 어?

방관자: 야, 학생이면 숙제는 좀 제대로 하고 다녀야지!

가해자: 그러니까 얼른 내 깜지 좀 써~

피해자: (가해자를 불쌍한 눈으로 쳐다보며) 쉬는 시간이 두 번밖에 없는데 다 못할 거 같아…….

방관자: 뭐래, 얘.

가해자: (짜증내며) 하…… 그럼 네가 시간을 만들어 자식아!

피해자: (고개 숙이고 책상만 바라보고 있다.)

방관자: 아, 진짜 얘 자꾸 빡치게 하네. 넌 머리가 없냐?

가해자: 수업 시간에도 하든지! 어찌 됐든 수학 시작하기 전에 다 끝내 놔라!

피해자: (작은 목소리로) 어…… 응…….

방관자: (실실 웃고 있다.)

가해자: (피해자의 머리를 쓰다듬으며) 그래~ 말 잘 듣네!

피해자: (침묵)

방관자: 우리 셔틀~ 고생 좀 해~

가해자: 야, 그거 다 하면 내가 예뻐해 줄게! (웃는다.)

방관자: 야, 셔틀~ 나도 다음에 부탁해! (같이 웃는다.)

대상	중·고등학생	방관자 역할	피해자 지지

가해자: (피해자를 툭 치면서) 야, 셔틀! 이거 좀 해! (수학 공책을 피해자의 책상에 던진다.)

피해자: (놀라서 가해자를 쳐다본다.)

방관자: (놀라서 피해자와 가해자를 번갈아 쳐다본다.)

가해자: 야, 나 수학이 틀린 문제 깜지 쓰라고 했어. 근데 나 지금 바쁘니까 네가 대신 써 놔!

피해자: (놀람 반, 무서움 반) 어? 어?

방관자: (계속 피해자와 가해자를 주의 깊게 쳐다본다.)

가해자: (공책에 있는 문제들을 직접 펴 주며) 야, 이 엉아가 네가 고생할까 봐 맨 위에 문제들은 다 써 줬다~ 인심 썼다~

피해자: 어…… 아니, 나는…….

가해자: (인상 쓰며) 뭐? 뭐? 못하겠다고?

방관자: 야, ○○○(가해자)! 너 지금 뭐하는 거야?

피해자: (책상만 쳐다보며 고개를 숙이고 있다.)

방관자: (피해자 앞에 나서며) 왜 지금 강제적으로 얘한테 네 숙제를 시키는 건데?

가해자: (방관자를 쳐다보며) 넌 뭐야? (피해자에게) 야, 그래서 지금 하기 싫다고? 지금 나한테 반항하냐? 너 맞고 싶냐?

피해자: (손을 내저으며) 아니, 아니야. 그런 거 아니야…….

방관자: (가해자에게) 너 지금 협박해? 같은 반 친구들끼리 지금 뭐하는 거야? 네 숙제는 네가 해야지 왜 남을 시켜?

가해자: 야, 어려운 것도 아니잖아~ (수학 공책을 쭈르륵 넘기며) 그냥 똑같은 거 계속 쓰면 되는데 뭘 이렇게 심각하냐?

피해자: (작은 목소리로) 나도 아직 수학 숙제 안 했어…….

방관자: 그럼 그렇게 쉬운 거 네가 하지 왜 남을 시켜? △△(피해자)도 자기 숙제 아직 안 했다고 하잖아!

가해자: 야, 너는 무슨 숙제도 안 하고 학교를 다니냐?

피해자: (어이없지만 내색 안 하며) 어?

방관자: (어이없이) 야, 그러는 너는? 너도 학생이면 숙제는 좀 제대로 하고 다녀라!

가해자: (억울하단 듯이) 아오…… 나한테 왜 그래? 그럴 수도 있는 거지!

피해자: (방관자를 불쌍한 눈으로 쳐다본다.)

방관자: 같은 반 친구인데 왜 이용하려고 해? 너 지금 이러는 거 학교폭력인 줄 몰라?

가해자: (짜증내며) 하…….

피해자: (고개 숙이고 책상만 바라보고 있다.)

방관자: (피해자를 가리키며) 얘 무시하지 마! 네가 무시할만한 그런 아이 아니야!

가해자: 알았다, 알았어. 되게 뭐라고 하네! (삐짐)

피해자: (작은 목소리로 방관자에게) 고마워…….

방관자: (피해자를 바라보며 미소 짓는다.)

가해자: (피해자와 방관자에게) 야! 내가 장난이었어! 어디 무서워서 장난도 못 치냐!

피해자: (방관자에게) 정말 고마워~

🏫 시나리오 4: 오프라인 상황에서의 물건 갈취

대상	초등학생	방관자 역할	가해자 지지

(청소 시간, 교실 안)

방관자: (빗자루를 들고 투덜거리며) 아, 나 오늘 진짜 청소하기 싫다. 해야
　　　　할 것도 많은데…….

가해자: (갑자기 방관자 옆에 나타나 어깨를 툭 치며) 야! 너 내일 시험 과목
　　　　공부했냐?

방관자: (시무룩한 표정으로) 아니…… 하나도 못 했어.

가해자: 야, 괜찮아, 괜찮아. 나도 하나도 안 했어! 그나저나 내일 시험 보는
　　　　과목이 뭐야?

방관자: (어이없는 듯이) 헐…… 너는 뭐 보는지도 모르냐? 내일 국어랑 실과
　　　　랑 체육 보잖아!

가해자: 흠…… 실과랑 체육은 뭐 대충 보면 되고. 국어? 국어 공부할 거
　　　　많냐?

방관자: 어, 대박 많아. 교과서 말고도 수행평가 본 거랑 선생님이 나눠 준
　　　　프린트에서도 많이 나온대!

가해자: 아, 젠장. 나 수행평가 본 거랑 프린트 같은 거 다 갖다 버렸는
　　　　데…….

방관자: (혀끝을 차며) 아이고…… 너 어쩌려고 그러냐?

가해자: (그때 사물함에서 시험 공부 할 것들을 꺼내어 챙기던 피해자를 발
　　　　견한다. 재빨리 피해자 옆으로 다가가며) 오오, 잠깐 잠깐! 스톱!

피해자: (깜짝 놀라 가해자를 쳐다보며) 어? 왜?

가해자: (피해자의 가방 속에서 국어 교과서를 빼어 들며) 야, 너 국어책에
　　　　필기 좀 했냐?

피해자: (당황한 목소리로) 응…….

가해자: (필기가 꼼꼼히 되어 있는 피해자의 국어 교과서를 보며 감탄한 목
　　　　소리로) 오~ 대박. 너 필기 장난 아니다. 야, 너 그럼 우리 국어 수
　　　　행평가 본 거랑 선생님이 준 프린트들도 있냐?

피해자: (기어가는 목소리로) 응…….

가해자: (피해자의 가방 속에 있는 폴더를 꺼내 들며) 아하~ 여기 있겠구만!
　　　　너 공부 좀 하나 보다?

방관자: (가해자 손에 들려 있던 피해자의 국어 교과서를 뺏어 들며) 야, 나도
　　　　좀 보자. (국어 교과서를 열어 보며) 우와, 나보다 필기 많이 했네?

가해자: (프린트가 들은 폴더를 피해자 앞에서 흔들며) 보니까 넌 공부 좀 많
　　　　이 했네. (비꼬는 듯한 말투로) 넌 그럼 공부 이제 더 안 해도 되겠다
　　　　~ 그렇지?

피해자: (버벅거리며) 아, 아니야…… 나도 아직 다 못 봤어…….

가해자: (표정이 굳어지며) 엄살 피우지 마. 야, 공부는 남 주라고 하는 거라
　　　　잖아. 너만 공부하면 되겠냐?

방관자: (비아냥거리며 피해자에게) 야, 너 저번에 반에서 2등 하지 않았냐?
　　　　넌 머리도 좋잖아. 혼자만 공부하지 말고 남들이랑 좀 나눠 봐.

피해자: (울먹거리며) 나 이번엔 정말 공부 많이 못 했어. 정말이야…….

가해자: (화난 듯한 목소리로) 아, 진짜 쪼잔한 자식! 너 진짜 이기적이다.
　　　　(피해자의 국어 교과서와 프린트가 든 폴더를 양손에 들며) 됐고! 고
　　　　맙다. 이 참에 이렇게 베풀면 되는 거야.

방관자: (웃으며 가해자에게) 야, 나도 같이 보자. 나 프린트 몇 개 잃어버린
　　　　거 있는데 그거 복사 좀 하자.

가해자: (흔쾌하게) 그래! (다시 피해자를 바라보며) 이야, 아름답지 않냐?
　　　　이렇게 우린 서로 도와가며 살아가는 거야.

방관자: 암암, 그렇지. (피해자를 바라보며) 고맙다! 내일 시험 잘 봐라~

가해자: (비꼬는 듯이) 내일 우리 둘 다 국어 백점 맞는 거 아니야? (피해자를
　　　　보며) 수고~ 열공!

대상	초등학생	방관자 역할	피해자 지지

(청소 시간, 교실 안)

방관자: (빗자루를 들고 투덜거리며) 아, 나 오늘 진짜 청소하기 싫다. 해야
　　　　할 것도 많은데…….

가해자: (갑자기 방관자 옆에 나타나 어깨를 툭 치며) 야! 너 내일 시험 과목
　　　　공부했냐?

방관자: (시무룩한 표정으로) 아니…… 하나도 못 했어.

가해자: 야, 괜찮아, 괜찮아. 나도 하나도 안 했어! 그나저나 내일 시험 보는
　　　　과목이 뭐야?

방관자: (어이없는 듯이) 헐…… 너는 뭐 보는지도 모르냐? 내일 국어랑 실과
　　　　랑 체육 보잖아!

가해자: 흠…… 실과랑 체육은 뭐 대충 보면 되고. 국어? 국어 공부할 거
　　　　많냐?

방관자: 어, 대박 많아. 교과서 말고도 수행평가 본 거랑 선생님이 나눠 준
　　　　프린트에서도 많이 나온대!

가해자: 아, 젠장. 나 수행평가 본 거랑 프린트 같은 거 다 갖다 버렸는
　　　　데…….

방관자: (혀끝을 차며) 아이고…… 너 어쩌려고 그러냐?

가해자: (그때 사물함에서 시험 공부 할 것들을 꺼내어 챙기던 피해자를 발
　　　　견한다. 재빨리 피해자 옆으로 다가가며) 오오, 잠깐 잠깐! 스톱!

피해자: (깜짝 놀라 가해자를 쳐다보며) 어? 왜?

가해자: (피해자의 가방 속에서 국어 교과서를 빼어 들며) 야, 너 국어책에
　　　　필기 좀 했냐?

피해자: (당황한 목소리로) 응…….

가해자: (필기가 꼼꼼히 되어 있는 피해자의 국어 교과서를 보며 감탄한 목
　　　　소리로) 오~ 대박. 너 필기 장난 아니다. 야, 너 그럼 우리 국어 수
　　　　행평가 본 거랑 선생님이 준 프린트들도 있냐?

피해자: (기어가는 목소리로) 응…….

가해자: (피해자의 가방 속에 있는 폴더를 꺼내 들며) 아하~ 여기 있겠구만! 너 공부 좀 하나 보다?

피해자: (소심하게) 아, 아니야…… 나 공부 못해…….

가해자: (프린트가 들은 폴더를 피해자 앞에서 흔들며) 뻥치시네! 보니까 넌 공부 좀 많이 했네. (비꼬는 듯한 말투로) 넌 그럼 이제 공부 더 안 해도 되겠다~ 그렇지?

방관자: (가해자 옆으로 다가와서) 야, 네가 수업시간에 다 자느라 필기 못 해 놓고 왜 애한테 그러냐? 너 내가 저번에 국어 전과 빌려준 건 봤어?

가해자: (벙찐 표정으로) 어? 전과?

방관자: (당당한 목소리로) 야, 넌 내가 빌려준 국어 전과도 보지도 않으면서 애 거 필기랑 프린트 가져가면 공부할 거냐? 내가 빌려준 국어 전과 나 돌려줘.

가해자: (한풀 꺾인 목소리로) 아…… 나 그거 어디에다 뒀는지 기억이 안 나…….

방관자: (화난 듯한 목소리로) 너 진짜 답 없네. 이번엔 니가 혼자 알아서 공부해. 공부하는 척하지 말고!

가해자: (조그만 목소리로) 아…… 응……. (피해자의 국어 교과서와 프린트가 든 폴더를 다시 피해자에게 돌려준 뒤 빗자루를 들고 교탁 쪽으로 걸어간다.)

방관자: (피해자의 등을 토닥거리며) 우리 공부 열심히 해서 내일 시험 잘 보자!

피해자: (감동받은 목소리로) 고마워…… 정말 고마워. 너도 내일 시험 잘 봐!

시나리오 5: 오프라인 상황에서의 물건 갈취

대상	중·고등학생	방관자 역할	가해자 지지

(쉬는 시간, 교실 안)

가해자: (걸상 옆에 걸린 자신의 가방을 발로 툭툭 차며) 하…… 내 가방 좀 많이 낡았네. 가방 바꾸고 싶다. 야, 요즘 가방 중에 잘 나가는 브랜드가 뭐지?

방관자: 음, 글쎄…… 잘 나가는 거?

가해자: 요즘 유행하는 게 뭐냐고. 아님 신상 나온 거 있냐?

방관자: 음…… 유행하는지는 모르겠는데 개인적으로 이번에 ○○에서 나온 신상이 예쁘더라!

가해자: (휴대폰으로 검색해 보며) 오~ ○○?

방관자: 웅! ○○ 신상 가방 보니까 색깔도 예쁘고 가볍더라고!

가해자: (검색 결과 이미지를 보며) 오~ 진짜 괜찮네? 야, 근데 가격은? 얼만데?

방관자: 10만 원대였던 거 같아. 아, 나도 갖고 싶다.

가해자: 헐…… 10만 원. 개비싸.

방관자: 야, 그래도 요즘 다른 거는 다 20만 원 넘어가! 그나마 싼 편임.

가해자: (다른 걸상들에 걸려 있는 가방들을 보다가 건너편 걸상에 방금 휴대폰으로 봤던 ○○ 가방이 걸려 있음을 발견한다.) 어!? 야! 저거! 저거 파란색 이스트팩 뒤에 있는 거! 저게 ○○ 신상 가방 아니냐?

(마침 ○○ 신상 가방의 주인인 △△(피해자)가 가방에서 물건을 꺼내러 가방 근처로 다가간다.)

방관자: 오! 저거 맞아! 와~ 대박! 저게 쟤 거였어? 대박 부럽.

가해자: (가방을 열고 물건을 꺼내려는 피해자 곁으로 다가간다.) △△△! 이
야~ ○○ 신상이네? 그지?

피해자: (약간 당황한 듯) 응…… 맞아…….

가해자: 오~ 누가 사 줬냐?

피해자: (소심하게) 엄마가 생일 선물로 사 주셨어.

가해자: (피해자의 가방을 뺏어 들며) 오호~ 생일 선물. 야, 나도 곧 생일인
데! (옆에 있던 자신의 가방을 들어 올리며 능청스럽게) 이것 좀 봐
줄래? 나도 생일맞이 기념으로다가 가방 좀 새로 장만해 볼까 해. 네
거랑 똑같은 걸로.

방관자: 야, 한번 직접 메 봐~

가해자: (웃으면서) 오~ 그래 볼까? (피해자의 가방을 메 본다.) 야, 나 어
때? 어울리냐?

방관자: 오! 대박~ 잘 어울려! 이야~ 야, 내가 볼 땐 이건 딱 네 거다! 쟤보
다 너랑 더 잘 어울려!

가해자: (뿌듯한 어조로) 캬~ 역시. 이건 내 아이템이었어!

방관자: 야, 너 가방 쟤 주고 그냥 이건 네 거 해라~ 쟤는 이거 너무 안 어
울려.

가해자: (방관자에게 엄지손가락을 올리며) 넌 정말 똑똑해. (피해자를 쳐다
보며) 야, 나 이번 주 주말이 생일이거든? (등에 맨 ○○ 가방을 보
이며) 생일 선물 고맙다! 아주 마음에 들어~

피해자: (울먹거리며) 아, 아…… 안 돼…….

가해자: (비아냥거리는 듯하면서도 신난 어조로 자신의 낡은 가방을 피해자
에게 건네며) 야, 알았어, 알았어. 난 네 생일 선물로 대신 이거 줄게
~ 야, 내가 볼 땐 이게 너한테 딱이야.

피해자: (울먹거리며) 그…… 그러지 마…….

가해자: (피해자를 무시한 채) 고맙다, 친구! (이때 다시 수업 시작 종이 울린
다.) 어머, 종 쳤네? (피해자의 등을 토닥거리며) 우리 이제 다시 공
부 열심히 시작해 볼까? 열공~

대상	중·고등학생	방관자 역할	피해자 지지

(쉬는 시간, 교실 안)

가해자: (걸상 옆에 걸린 자신의 가방을 발로 툭툭 차며) 하…… 내 가방 좀 많이 낡았네. 가방 바꾸고 싶다. 야, 요즘 가방 중에 잘 나가는 브랜드가 뭐지?

방관자: 음, 글쎄…… 잘 나가는 거?

가해자: 요즘 유행하는 게 뭐냐고. 아님 신상 나온 거 있냐?

방관자: 음…… 유행하는지는 모르겠는데 개인적으로 이번에 ○○에서 나온 신상이 예쁘더라!

가해자: (휴대폰으로 검색해 보며) 오~ ○○?

방관자: 응! ○○ 신상 가방 보니까 색깔도 예쁘고 가볍더라고!

가해자: (검색 결과 이미지를 보며) 오~ 진짜 괜찮네? 야, 근데 가격은? 얼만데?

방관자: 10만 원대였던 거 같아. 아, 나도 갖고 싶다.

가해자: 헐…… 10만 원. 개비싸.

방관자: 야, 그래도 요즘 다른 거는 다 20만 원 넘어가! 그나마 싼 편임.

가해자: (다른 걸상들에 걸려 있는 가방들을 보다가 건너편 걸상에 방금 휴대폰으로 봤던 ○○ 가방이 걸려 있음을 발견한다.) 어!? 야! 저거! 저거 파란색 이스트팍 뒤에 있는 거! 저게 ○○ 신상 가방 아니냐?

(마침 ○○ 신상 가방의 주인인 △△(피해자)가 가방에서 물건을 꺼내러 가방 근처로 다가간다.)

방관자: 오! 저거 맞아! 와~ 대박! 저게 쟤 거였어? 대박 부럽.

가해자: (가방을 열고 물건을 꺼내려는 피해자 곁으로 다가간다.) △△△! 이야~ ○○ 신상이네? 그지?

피해자: (약간 당황한 듯) 응…… 맞아…….

가해자: 오~ 누가 사 줬냐?

피해자: (소심하게) 엄마가 생일 선물로 사 주셨어.

가해자: (피해자의 가방을 뺏어 들며) 오호~ 생일 선물. 야, 나도 곧 생일인
데! (옆에 있던 자신의 가방을 들어 올리며 능청스럽게) 이것 좀 봐
줄래? 나도 생일맞이 기념으로다가 가방 좀 새로 장만해 볼까 해.
(피해자의 가방을 직접 메 보며) 네 거랑 똑같은 걸로. (가방을 멘
채 뒤돌아서서 가방을 보이며) 야, 나 어때? 어울리냐?

(침묵)

가해자: (아무 대답이 없자 거울 앞에 가서 스스로를 바라보며 뿌듯한 어조
로) 캬~ 아주 마음에 들어! 야, 이건 내 거네, 내 거.

방관자: (어이없다는 어조로) 야, 그게 왜 네 거냐? 그리고 너는 거울 보면서
도 안 보이냐? 가방에 비해 등이 너무 넓잖아. 이상해.

가해자: (당황스러운 어조로 다시 거울을 바라보며) 어, 진짜? (피해자를 쳐
다보며) 야, 너도 그렇게 생각하냐?

피해자: (겁먹은 표정으로) 음…… 그게…….

방관자: (갑자기 끼어들며 가해자를 향해) 야, 쓸데없는 생각 말고 이거 △△
가 생일 선물로 엄마한테 받은 거라는데 다시 △△한테 줘. 너는 이
가방이랑 안 어울려.

가해자: (한풀 꺾인 채 주섬주섬 가방을 다시 벗는다.) 에잇…… (이때 다시
수업 시작 종이 울린다. 피해자에게 가방을 다시 건네며) 야, 잘 써
라~

시나리오 6: 오프라인 상황에서의 따돌림

대상	초등학생	방관자 역할	가해자 지지

(점심 시간, 교실 안)

가해자는 점심을 다 먹은 뒤 심심하다는 이유만으로 피해자에게 말을 건다.

가해자: 야, 너 아이언맨 봤어? 푸슈우웅~ (다짜고짜 피해자의 뒤통수를 향해 주먹을 내두르는 시늉을 한다.)

피해자: (살짝 피하며) 아, 뭐야…… 하지 마.

가해자: (피해자의 반응에 낄낄 웃으며) 악당이다! 물리치자! (이번엔 앉아 있는 피해자의 어깨와 등을 주먹으로 친다.) 아이언맨 펀치!

방관자: (가해자가 피해자를 공격하는 것을 보며 웃는다.) 다시 공격해! 아이언맨은 빔도 쏘잖아!

피해자: (아파하며) 아, 왜 이래. 하지 마.

방관자: (재밌다는 듯이 웃으며 가해자를 부추긴다.) 지구를 구해야지, 아이언맨!

가해자: (방관자의 부추김에 더욱 신나한다.) 너희 별로 돌아가, 이 외계인아! 푸슈우웅! 아이언맨 펀치!

피해자: (가해자가 때리는 등을 보호하기 위해 몸을 이리저리 비튼다.) 하지 마, 진짜.

가해자: (주먹을 휘두르며) 내 펀치를 받아라!

방관자: (피해자가 아파하는 모습에 더 즐거워하며) 더 확실하게 죽여야지! 아이언맨 완전 세다고!

가해자: (방관자의 말에 긍정하며) 맞아. 그러니까 얼른 죽어라!

피해자: (가해자에게서 벗어나기 위해 자리에서 일어나 다른 곳으로 걸어가지만 계속 펀치가 날아오자 아파한다.) 윽, 으…….

가해자: (도망치려는 피해자를 향해 다가가며) 어딜 도망가! 푸슈우웅~ 펀치! 공격! (옆에 있던 방관자를 향해) 야! 쟤 좀 잡아!

방관자: (가해자의 말에 동조하며 도망치는 피해자를 잡는다.) 야! 재미없게 어딜 가!

가해자: (방관자에게 잡힌 피해자를 향해 달려든다.) 펀치! 펀치!

방관자: (피해자를 놓아주며 손뼉 치며 웃는다.)

가해자: (더 안달이 난 듯이 피해자의 등을 때린다.) 펀치! 펀치!

피해자: (더는 반응하지 않고 벽에 붙어 가만히 있는다.)

방관자: (피해자가 벽에 붙은 채로 반응을 하지 않자 시시하다는 듯이) 뭐야! 벌써 항복했어?

가해자: (덩달아 재미없다는 듯이 짜증 내며) 아, 뭐야. 악당이 뭐가 이렇게 시시해. (반응이 없는 피해자를 향해) 죽어라! 죽어! 재미없어!

방관자: (반응 없이 당하고만 있는 피해자를 향해) 죽어라! 죽어!

가해자: (방관자의 말에 더욱 힘이 실린 주먹을 날리며) 푸슈우웅~ 죽어라! 이 악당아!

피해자: (가해자의 공격에 그저 맞기만 하다 주저앉는다.)

가해자: (저항하지 않는 피해자의 가슴과 등을 마구 때리다가 교실에 쭈그려 앉은 피해자를 보며 으스대고 방관자를 본다.) 봤어? 내가 쓰러뜨렸다!

방관자: (가해자의 말에 좋아하며) 역시 아이언맨이 짱이지!

대상	초등학생	방관자 역할	피해자 지지

(점심 시간, 교실 안)

가해자는 점심을 다 먹은 뒤 심심하다는 이유만으로 피해자에게 말을 건다.

가해자: 야, 너 아이언맨 봤어? 푸슈우웅~ (다짜고짜 피해자의 뒤통수를 향해 주먹을 내두르는 시늉을 한다.)

피해자: (살짝 피하며) 아, 뭐야…… 하지 마.

가해자: (피해자의 반응에 낄낄 웃으며) 악당이다! 물리치자! (이번엔 앉아 있는 피해자의 어깨와 등을 주먹으로 친다.) 아이언맨 펀치!

방관자: (가해자가 피해자를 공격하는 것을 보며 인상을 쓴다.) 뭐야, 유치하게.

피해자: (맞은 데를 아파하며) 아, 왜 이래. 하지 마.

방관자: 야, 쟤 아프대잖아.

가해자: (불만스러운 표정으로) 아, 뭐! 넌 아이언맨도 안 봤냐! 원래 악당은 아픈 거야!

피해자: (가해자가 때리는 등을 보호하기 위해 몸을 이리저리 비튼다.) 하지 마, 진짜.

가해자: (이리저리 피하는 피해자를 향해) 내 펀치를 맞아라!

방관자: (피해자가 아파하는 모습에 한 번 힐끗 보며) 너 도대체 왜 그래?

가해자: (방관자의 말에 짜증 내며) 쟨 악당이라니까?! 악당은 무찌르는 거라고! 아이언맨 보면 나오잖아!

피해자: (가해자에게서 벗어나기 위해 자리에서 일어나 다른 곳으로 걸어가지만 계속되는 공격을 피할 수 없다.) 윽, 으…….

가해자: (도망치려는 피해자를 향해 무차별적으로 주먹을 휘두른다.) 어딜 도망가! (옆에 있던 방관자를 향해) 야! 쟤 좀 잡아!

방관자: (가해자의 말은 듣지 못한 척하며) 뭐야 진짜, 유치하게…….

가해자: (방관자의 시큰둥한 반응에 당황하며) 아니, 쟤가 악당이고 내가 아
      이언맨이니까 무찌르는 거라고!

피해자: 아니야, 난 악당 아니야.

방관자: 얜 악당 아니라잖아.

가해자: (피해자를 노려보며) 뭘 안 해! 나랑 놀자고!

피해자: (가해자의 공격에도 고개를 젓는다.) 하기 싫다고. 안 한다고.

방관자: (가해자를 보면서) 얘가 안 한다잖아. 원래 아이언맨은 애들 안 때려.

가해자: (방관자의 일관적인 부정적 반응에 민망해한다.) 아! 영화 보면!

피해자: (방관자와 가해자를 번갈아 보다가 슬그머니 자기 자리로 향한다.)

가해자: (방관자와 피해자의 반응에 재미없다는 듯이 짜증 내며) 아, 뭐야!
      시시해!

방관자: (짜증을 내는 가해자를 보며) 그거 집에 가서 하라고. 너희 형이랑 해.

가해자: (방관자의 말에 못마땅하다는 듯이) 아씨, 형은 이런 거 싫댔는
      데……. (풀이 꺾인 얼굴로 피해자를 보다가 자리로 돌아간다.)

피해자: (방관자를 힐끗 쳐다본다.) 고마워.

방관자: (피해자를 보며) 아냐. 내가 뭘.

시나리오 7: 오프라인 상황에서의 따돌림

대상	중·고등학생	방관자 역할	가해자 지지

(점심 시간, 교실 안)

가해자는 점심을 다 먹은 뒤 심심하다는 이유만으로 피해자에게 말을 건다.

가해자: 야, 너 뭐 하냐? 심심하지? 내 상대 좀 해 줘라. (다짜고짜 피해자 가
　　　　슴을 향해 펀치를 날린다.) 잽! 잽!
피해자: (가슴을 팔로 막으며) 아, 뭐야…… 하지 마.
가해자: (피해자의 반응에 낄낄 웃으며) 너도 심심하잖아. 좀 놀자고. (이번
　　　　엔 피해자의 어깨와 옆구리를 주먹으로 때린다.)
방관자: (가해자가 피해자를 공격하는 것을 보며 옆에서 웃는다.) 야, 그걸로
　　　　는 안 되지. 기술을 좀 더 쓰라고.
피해자: (맞은 데를 아파하며) 아, 왜 이래. 하지 마.
방관자: (피해자가 아파하는 것도 재밌다는 듯이 웃으며 가해자의 행동을 중
　　　　계한다.) 아, 이렇게 당하나요~ 그렇죠! 거기서는 옆구리를 공격해
　　　　야죠!
피해자: (맞은 곳을 팔로 막으며) 아, 아프다고…….
방관자: (피해자가 아파하거나 말거나 가해자의 행동을 코치하며) 야! 옆을
　　　　때려! 그래, 거기! 이번엔 등이지! 좋아! 잘하고 있어!
가해자: (방관자의 부추김에 더욱 신이 나서 피해자 등을 향해 주먹을 마구
　　　　휘두른다.) 대박. 얘 진짜 맞는 거 잘해. 느낌이 죽여.
피해자: (가해자가 때리는 등을 보호하기 위해 몸을 이리저리 비튼다.) 하지
　　　　마 진짜.
가해자: (피해자가 등을 피하자 이번엔 가슴을 마구 때린다.) 이번엔 여기지!
　　　　공격 성공!

방관자: (피해자가 아파하는 모습에 더 즐거워하며) 잘했어! (가해자와 하이 파이브를 한다.)

가해자: (방관자의 응원에 힘입어 이번엔 피해자의 팔을 잡아끈다.) 야, 이리 나와. 거기 앉아만 있으니까 불편하잖아.

피해자: (가해자에게서 벗어나기 위해 이리저리 피하려고 하지만 계속 펀치가 날아오자 아파한다.) 윽, 으…….

가해자: (도망치려는 피해자를 향해 무차별적으로 주먹을 날린다.) 어딜 도망 가냐! (피해자가 괘씸하다는 듯이 이번엔 다리로 피해자의 엉덩이와 허벅지를 찬다.)

피해자: (아파하면서 벽에 바짝 붙는다.)

가해자: (피해자의 행동에 더 신이 나서 주먹을 날리고 발차기를 날리다 방관자를 향해) 야, 쟤 좀 잡아 봐. 내가 진짜 주먹을 보여 줄게.

방관자: (가해자의 말에 낄낄 웃으며 피해자를 잡는다.)

피해자: (저항하며 몸을 이리저리 비튼다.) 아, 하지 마.

방관자: (피해자의 저항에 짜증 내며) 아, 좀! 가만히 있으라고! (피해자를 뒤에서 붙잡는다.)

가해자: (방관자에게 잡힌 피해자를 향해 달려들어 주먹을 날린다.) 이건 입에서 나는 소리가 아니야~

방관자: (가해자의 성대모사에 낄낄 웃는다.) 아, 미친. 그거 하지 말라고.

가해자: (방관자의 웃음소리에 더 신이 나서 피해자를 때린다.)

대상	중·고등학생	방관자 역할	피해자 지지

(점심 시간, 교실 안)

가해자는 점심을 다 먹은 뒤 심심하다는 이유만으로 피해자에게 말을 건다.

가해자: 야, 너 뭐 하냐? 심심하지? 내 상대 좀 해 줘라. (다짜고짜 피해자 가
　　　　슴을 향해 펀치를 날린다.) 잽! 잽!

피해자: (가슴을 팔로 막으며) 아, 뭐야……. 하지 마.

가해자: (피해자의 반응에 낄낄 웃으며) 너도 심심하잖아. 좀 놀자고. (이번
　　　　엔 피해자의 어깨와 옆구리를 주먹으로 때린다.)

피해자: (가해자의 공격에 당황하며) 아, 왜 이래.

방관자: (가해자가 피해자를 공격하는 것을 보며 인상을 쓴다.) 뭐하는 거야.

가해자: (방관자의 관심에 웃으며) 내가 뭘. (그러면서도 피해자의 옆구리를
　　　　툭툭 때린다.)

피해자: (가해자에게 맞은 데를 아파하며) 아, 왜 이래. 하지 마.

방관자: (피해자가 아파하는 것에 불편한 얼굴로) ○○○이 아프대잖아.

가해자: 얘 엄살 부리는 거야. (피해자의 옆구리를 마구 찌르며) 야, 아프냐?
　　　　아파?

방관자: (걱정스럽게) 그러다 다치면 어쩌려고 그래.

가해자: (방관자의 걱정에 대수롭지 않게 말한다.) 뭘 이런 걸로 다쳐? (피해
　　　　자의 어깨를 툭툭 친다.) 야, 아파? 이게 아파?

피해자: (가해자가 때리는 등을 보호하기 위해 몸을 이리저리 튼다.) 하지
　　　　마, 진짜.

가해자: (피해자가 등을 피하자 이번엔 가슴을 마구 때린다.) 야, 아프냐고.
　　　　이게 아파? 어?

방관자: (가해자의 무차별 공격에 인상을 쓰며) 야, 당연히 아프지. 넌 맞으
　　　　면 안 아파?

가해자: (방관자의 반응에 당황하며) 아, 뭐 별로 안 아프게 때렸는데 왜 네가 난리야.

피해자: (가해자에게서 벗어나기 위해 자리를 옮긴다.)

가해자: (도망치려는 피해자를 향해 소리친다.) 아, 어딜 도망가는데!

피해자: (겁먹은 얼굴로 다른 자리에 앉는다.)

가해자: (방관자를 향해 짜증내며) 야, 네가 방해하니까 쟤가 도망가잖아!

방관자: (가해자의 말에 어깨를 으쓱거린다.) 하기 싫다는데 뭐.

가해자: (아쉽다는 듯이) 아, 이게 얼마나 재밌는데.

방관자: (가해자의 아쉬워하는 얼굴을 보며) 나가서 축구나 하자.

가해자: (방관자의 말에 잠시 고민한다.) 아, 축구하러 나가기 귀찮은데…….

피해자: (방관자와 가해자의 눈치를 살핀다.)

방관자: 아니면 농구나 하든지. 아까 보니까 체육관 비어 있던데.

가해자: (방관자의 말에 조금 신이 난 투로) 아, 그래? 그럼 그럴까?

방관자: (가해자의 친구 이름을 대며) 아까 체육관에 △△이도 간다더라.

가해자: 아, 진짜? 그럼 가야지! (기분 좋게 교실을 나간다.)

피해자: (가해자가 사라지자 안심한 얼굴로 방관자를 본다.) 고마워.

방관자: (웃으며) 내가 뭘. 많이 당황했지?

시나리오 8: 오프라인 상황에서의 따돌림

대상	초등학생	방관자 역할	가해자 지지

(방과 후 교실 안)

방관자: (가해자를 향해 큰소리로) 야, 너 오늘부터 ○○ 게임 경험치 2배 이벤트 하는 거 알고 있어?

가해자: 헐, 정말?

방관자: 어. 근데 우리 학원 가야하잖아. 안 가면 엄마한테 엄청 혼날걸? 너 지난번에 학원 안가고 PC방 갔다가 엄마한테 엄청 혼나지 않았어?

가해자: 안간 거 걸려서 엄청 혼났지. 또 걸리면 가만 안 둔다고 했는데 어떡하지. (잠시 뒤 갑자기 큰소리로) 아, 맞다. 그러면 되겠다.

방관자: (궁금한 듯이) 어떻게?

가해자: (피해자를 툭 치며) 야, 오늘 시간 있냐?

피해자: (놀라서 가해자를 쳐다본다.)

가해자: (짜증을 내며 큰소리로) 귀 먹었냐고? 오늘 시간 있냐고?

방관자: (크게 웃으면서) 푸하하, 귀 먹었네.

피해자: (소심하게) 아…… 아니.

가해자: 왜 없는데?

피해자: (우물쭈물하며) 학원 가야해.

가해자: 뭐라고? 학원? 야, 그거 오늘 하루 째라.

피해자: 안……안 돼.

가해자: (큰소리로) 이게 짜증나게 안 되긴 뭐가 안 되는데? 너 내 말 무시하냐?

피해자: (작은 소리로) 안 돼. 안 가면 혼난단 말이야.

가해자: (짜증을 내며) 짜증나게 하지 말고 그냥 너 지금 끝나고 PC방 가서 내 캐릭터로 몬스터 잡고 있어. 오늘 경험치 2배 이벤트 날인데 나 학원 가야해.

피해자: (움찔하며) 안 돼. 학원 안 가면 엄마한테 혼난단 말이야.

방관자: (피해자를 가리키며 가해자에게) 야, 쟤 너 무시한다. 너보다 엄마가 더 무섭나 봐.

가해자: (화를 내며) 너 나 진짜 무시하냐? 내 말이 우습냐?

피해자: (말없이 고개를 젓는다.)

가해자: 그래, 그러니까 그 학원 나도 안 가면 엄마한테 혼난다고. 그래서 나는 학원을 가야한다고. 근데 오늘부터 경험치 2배 이벤트를 하는데 이거 놓치면 레벨 올리기 힘들다고. 그러니까 네가 PC방 가서 내 캐릭터로 레벨 올리고 있으라고 알겠어?

피해자: (아무 말도 못하고 가만히 고개만 숙이고 있다.)

방관자: (비웃으며) 쟤 너 무시한다니까. 대답도 안 하잖아.

가해자: (인상을 쓰며) 너 진짜 나 무시하냐? 죽을래?

피해자: (소심하게) 아…… 알겠어. PC방 갈게.

가해자: (웃으며 피해자 머리를 쓰다듬으며) 레벨 열심히 올려놔. 레벨 못 올리면 가만 안 둘 줄 알아.

피해자: 응…… 알겠어.

가해자: (방관자를 향해) 우리는 학원가자. 지각하면 학원에서 바로 엄마한테 전화한다고 했단 말이야.

방관자: 나도 지각하면 엄마가 가만 안 둔다고 했어. 빨리 가자. (피해자를 향해 비웃으며) 좋겠다. 넌 PC방 가서 게임도 하고. 레벨 열심히 올려라. 우린 간다~

대상	초등학생	방관자 역할	피해자 지지

(방과후 교실 안)

방관자: (가해자를 향해 큰소리로) 야, 너 오늘부터 ○○ 게임 경험치 2배 이벤트 하는 거 알고 있어?

가해자: 헐, 정말?

방관자: 어. 근데 우리 학원 가야하잖아. 안 가면 엄마한테 엄청 혼날걸? 너 지난번에 학원 안가고 PC방 갔다가 엄마한테 엄청 혼나지 않았어?

가해자: 안간 거 걸려서 엄청 혼났지. 또 걸리면 가만 안 둔다고 했는데 어떡하지. (잠시 뒤 갑자기 큰소리로) 아, 맞다. 그러면 되겠다.

방관자: (궁금한 듯이) 어떻게?

가해자: (피해자를 툭 치며) 야, 오늘 시간 있냐?

피해자: (놀라서 가해자를 쳐다본다.)

가해자: (짜증을 내며 큰소리로) 귀 먹었냐고? 오늘 시간 있냐고?

방관자: (놀라서 피해자랑 가해자를 쳐다본다.)

피해자: (소심하게) 아…… 아니.

가해자: 왜 없는데?

피해자: (우물쭈물하며) 학원 가야해.

가해자: 뭐라고? 학원? 야, 그거 오늘 하루 째라.

피해자: 안…… 안 돼.

가해자: (큰소리로) 이게 짜증나게 안 되긴 뭐가 안 되는데? 너 내 말 무시하냐?

피해자: (작은 소리로) 안 돼. 안 가면 혼난단 말이야.

가해자: (짜증을 내며) 짜증나게 하지 말고 그냥 너 지금 끝나고 PC방 가서 내 캐릭터로 몬스터 잡고 있어. 오늘 경험치 2배 이벤트 날인데 나 학원 가야해.

방관자: (가해자를 향해) 야, 너 뭐하는 거야? 왜 네 게임을 △△한테 시켜. 네 캐릭터잖아. 그리고 △△이도 학원 가야된다잖아.

가해자: 그래. 그 학원 안 가면 엄마한테 혼나니까 나는 학원 가야한다고. 그리고 게임 레벨도 올려야 한단 말이야. 그러니까 △△가 PC방 가라고.

방관자: (어이없어 하며) 너도 엄마한테 혼나는 거 때문에 학원 가야하면서 왜 △△한테 학원 가지 말고 PC방 가라고 하는데?

가해자: (방관자에게) 네가 뭔데? 내가 너한테 해달라고 한 거 아니잖아. (인상을 쓰며 피해자를 향해) 근데 △△ 너 왜 대답 안 해? 죽을래?

피해자: (소심하게) 아, 아니.

가해자: 그럼 왜 대답 안 하는데? 나 무시하냐?

피해자: (말없이 고개를 젓는다.)

방관자: (가해자를 향해 큰 소리로) 너 계속 이럴거야? 너 이러면 나 지금 당장 네가 △△한테 PC방 가라고 협박했다고 담임 선생님이랑 학원 선생님한테 다 말할 거야.

가해자: (당황하며) 뭐 이른다고? 안 돼. 이르면 선생님들한테 혼난단 말이야.

방관자: 그러니까 △△한테 그런 거 안 시키면 되잖아. 그럼 나도 안 이를게.

가해자: 알겠어. 안 시킨다고. 그러니까 너도 선생님들한테 말하지마. 알겠지?

방관자: 알겠어. 나도 안 이를게.

가해자: 나 학원 간다.

피해자: (방관자에게) 고마워.

방관자: (웃으며) 친구끼리 뭘. 우리도 빨리 학원가자. 지각하면 엄마한테 혼나.

시나리오 9: 오프라인 상황에서의 따돌림

대상	중·고등학생	방관자 역할	가해자 지지

(조별 모임 시간)

가해자: (짜증을 내며) 진짜 하기 싫어. (피해자를 가리키며) 왜 하필이면 쟤
　　　　가 우리 조야.

방관자: 그러게. 나도 진짜 싫어.

가해자: (피해자를 툭툭 치며) 야, 너 진짜 우리 조 할거냐?

피해자: (소심하게 아무 말 없이 가만히 있는다.)

가해자: 진짜 싫어. 쟤랑 같이 있으면 재수 없단 말이야. 왜 조는 원하는 사
　　　　람끼리 같이 못하는 거야. 그리고 쟤는 왜 하필이면 우리 조를 뽑아
　　　　서. 한 달이 재수 없겠네. 왜 조끼리는 한 달이나 같이 앉아야 하는
　　　　거야! 진짜 너무 싫어. 안 그래?

방관자: (고개를 끄덕하며) 나도 완전 싫어. 하필이면 쟤랑 같은 조일게
　　　　뭐람.

가해자: (완전 싫다는 듯) 나 같은 조인 것도 싫은데 쟤 옆에 앉기 싫어.

방관자: 나도 싫은데 어떡해?

가해자: 진짜 어떡하지…… (좋은 생각이 났다는 듯) 그래, 그러면 되겠네.
　　　　가위바위보 하자. 진 사람은 딴 소리 하기 없기다.

피해자: (상처받은 듯 고개를 숙인다.)

(가위 바위 보 후)

가해자: (엄청 즐거워하며) 아싸! 나 아니다. (가위바위보에서 진 학생을 향
　　　　해) 한 달 동안 수고해라. (웃으며) 너의 희생을 잊지 않을게.

방관자: (덩달아 즐거워하며) 그러게. 가위바위보를 잘하지 그랬냐?

가해자: (피해자를 향해) 우리가 너 우리 조 시켜주는 거니까 잘해라. 고맙지 않니? 같은 조도 시켜주고 자리도 정해주고 고맙지 않니? 응?

피해자: (고개를 숙이고 아무 말 없이 가만히 서있기만 한다.)

가해자: (큰 소리로 짜증을 내며) 고맙지 않냐고 묻는데 왜 대답이 없어. 아 짜증나

방관자: (가해자를 토닥이며) 네가 이해해. 쟤가 대답 없는 거 어디 하루 이 틀 일이니.

(잠시 후 수업시간)

가해자: (뒷자리에서 소곤소곤 대며) 옆자리 아니라 신났더니 앞자리에 있어 도 짜증나잖아.

방관자: 내 말이. 뒤에서 쟤 보고 있는 것도 싫다.

피해자: (못들은 척 고개를 파묻으며 잠든 척)

가해자: (짜증난다는 듯) 우리는 짜증나는데 쟤는 잠이 잘 오나 봐. 이래서 내가 쟤를 재수 없어 하는 거야.

피해자: (다 들리지만 계속해서 자는 척 한다.)

가해자: (피해자를 툭툭 치며) 야, 자냐? 진짜 자냐?

피해자: (어쩔 수 없이 고개를 돌려 가해자를 쳐다본다.)

가해자: (비꼬듯이) 난 또 네가 자는 줄 알았지. (위해준다는 듯) 그래도 수업 시간인데 일어나서 수업 들어야지 안 그래? 그렇게 자면 되겠니. 대 체 어제 뭘 했길래 그렇게 자냐?

방관자: (비웃으며) 물어서 뭐하겠어. 뻔하지 뭐.

가해자: (비웃으며) 그래도 쟤 신경 써주는 건 나밖에 없지 않냐? 나 완전 착 한 것 같아. 눈에 보이는 것도 싫은데 신경도 써주고. (피해자를 다 시 툭툭 치며) 안 그래?

피해자: (물끄러미 계속 책상만 쳐다본다.)

가해자: 역시 쟤는 저래서 재수가 없어.

대상	중·고등학생	방관자 역할	피해자 지지

(조별 모임 시간)

가해자: (짜증을 내며) 진짜 하기 싫어. (피해자를 가리키며) 왜 하필이면 쟤가 우리 조야.

방관자: (의아하게) 뭐 어때서?

가해자: (짜증 섞인 목소리로) 어떻긴 뭐가 어떠냐니. 쟤랑 같이 있으면 재수 없단 말이야. 왜 조는 원하는 사람끼리 같이 못하는 거야. 그리고 쟤는 왜 하필이면 우리 조를 뽑아서. 한 달이 재수 없겠네. 왜 조끼리는 한 달이나 같이 앉아야 하는 거야! 진짜 너무 싫어.

피해자: (소심하게 아무 말 없이 가만히 있는다.)

방관자: (말리듯이) 야, 너 왜 그래? 결국 네 말 다 들어보니까 아무 이유 없는 거네. 그리고 조 구성 같은 경우에도 ○○(피해자)가 원한 것도 아니잖아. 제비뽑기로 뽑은 걸 왜 자꾸 ○○한테 짜증을 내는 거야.

가해자: (짜증을 내며) 아, 몰라. 그냥 쟤를 보면 재수가 없는데 어떡하라고!

피해자: (상처 받은 듯한 표정)

방관자: 그러지마. 아무 이유 없이 재수가 없다는 게 어디 있어. 너 그거 말도 안 되는 거 알지?

가해자: 말이 안 되긴 왜 안 돼? 그냥 보면 내가 짜증이 난다니까! 몰라, 몰라. 난 쟤랑 같은 조인 것도 싫은데 옆에 앉기는 더 싫으니까 네가 알아서 해.

방관자: 친구한테 그렇게 심한 말 하는 거 아니야. 그렇게 말하면 다 상처받아. 봐봐. (피해자를 가리키며) ○○도 상처 받았잖아. 표정 안 보여?

가해자: (어이없다는 듯) 쟤가 상처받는다고? (비꼬듯이) 늘 말하면 못들은 척 하는 쟤가? 지금도 내가 말하는데 한마디 말도 안하고 있는 쟤가 상처를 받아?

방관자: (달래듯이) 지금 ○○ 표정 보라니까. 그런 말 들으면 상처 받는 다 니까. 안 그래, ○○아?

피해자: (우물쭈물하고 있다.)

가해자: (이죽대며) 봐, 쟤 대답 안 하잖아. 쟤는 상처 같은 거 안 받는다니까.

방관자: 상처 안 받는 사람이 어디 있어. ○○도 대답하려고 하는데 그냥 지 금 못하고 있는 거야. 그치, ○○아?

피해자: (작지만 뚜렷한 목소리로 결심한 듯이) 응. 나 상처 받아. (눈물을 글 썽이며 가해자를 쳐다본다.)

가해자: (피해자의 눈물에 당황한 듯) 왜 울고 그래. 아니 그냥 난 네가 맨날 못들은 척 하길래 상처 안 받는 줄 알았어.

방관자: (달래듯이) ○○는 표현을 못했을 뿐이었을 거야. 그치?

피해자: (계속 눈물을 글썽이며 가해자를 향해 뚜렷한 소리로) 응. 나 네가 그런 말 할 때마다 엄청 상처받았어. 용기가 없어서 말 못했던 것 뿐 이야.

가해자: (계속 당황한 채로 어쩔 줄 몰라 하다 우물쭈물 거리며) 난 진짜 그 런 줄 몰랐어. 네가 아무 말도 안하고 반응도 안보여주니까 내가 계 속 더 심하게 한 것 같아.

피해자: 어떻게 행동해야 할 지 몰라서 그냥 모르는 척 한 거야. 네가 언젠가 는 그만 둘 줄 알았어.

가해자: (결심한 듯) 미, 미안해. 내가 잘못한 것 같아. 다시는 안 그럴게. 이 제 잘 지내보자.

피해자: (활짝 웃으며 가해자를 향해) 응. 잘 부탁해. (방관자를 향해) 고마 워, △△(방관자)아. 니가 □□(가해자)한테 그렇게 말 안 해줬으면 계속 아무 말도 못했을 거야. 네 덕분에 용기를 냈어. 정말 고마워.

방관자: (웃으며) 뭘~ 잘 됐다. (둘러보며) 이제 우리 같은 조 된 거 아무도 불만 없는 거지? 그럼 우리 한 달 동안 잘 해보자

가해자, 피해자: 그래! 잘 해보자.

|제7장|

다독이기

학교폭력 예방을 위한 이 프로그램에서 다음으로 진행하게 될 활동은 다독이기다. 다독이기란 참가자들이 학교폭력 역할극을 체험한 후 지도자와 함께 역할극 활동을 바탕으로 토론하며 이야기를 나누는 시간이다. 다독이기 활동을 통해서는 학교폭력 피해자의 감정을 이해하고, 방관자의 태도에 따라 학교폭력 상황이 변화하는 것을 체험하여, 학교폭력 예방을 위해 각자가 할 수 있는 역할에 대해서 학습할 수 있다. 즉, 이 활동을 통해서는 학교폭력 예방 및 대처 능력을 향상시킬 수 있다.

다독이기의 목표는 다음과 같다. 첫째, 역할극에 직접 참여하여 학교폭력을 간접적으로 체험한 참가자가 다독이기 활동을 하면서 자신의 생각을 말로 표현할 수 있는 기회를 가질 수 있다. 또 이를 통해서 학교폭력에 대한 자신의 생각과 감정을 정리할 수 있다. 둘째, 피해자의 입장에서 생각하고 이에 대해 함께 이야기를 나눌 수 있다. 셋째, 학교 장면에서 적용할 수 있는 대처 방안에 대해 이야기해 보고 이를 지도자와 참가자들이 함께 토론해 봄으로써 다양한 대처 방안을 마련하고 생각의 폭을 넓힐 수 있다. 마지막으로, 청소년 집단의 대다수를 차지하는 방관자가 가해자를 지지하는지 혹은 피해자를 지지하는지에 따라 달라지는 학교폭력 상황을 직접 체험해 볼 수 있다. 이러한 목표들을 통해 학교폭력을 예방하기 위해서는 학교 구성원 모두의 협조가 필요하다는 공동의 목표를 합의할 수 있다. 다독이기에서도 순조로운 진행을 위하여 연령대에 맞는 활동지를 사용할 수 있다.

다독이기의 목표

1. 역할극에 직접 참여함으로써 학교폭력을 간접적으로 체험한 후 자신의 생각을 말로 표현하여 학교폭력에 대한 자신의 생각과 감정을 정리해 볼 수 있는 기회를 가질 수 있다.
2. 학교폭력을 예방하기 위해서 학교 구성원 모두의 협조가 필요하다는 공동의 목표를 합의할 수 있다.
3. 학교 장면에서 적용할 수 있는 대처 방안에 대해 생각해 보며 참가자들과 이야기함으로써 다양한 대처 방안을 마련하고 생각의 폭을 넓힐 수 있다.

다독이기 지도자 팁

다독이기는 참가자들이 자유롭게 이야기를 나누는 것이 중요하다. 이를 위해서 지도자는 참가자들이 편안하게 자신의 의견을 표현할 수 있도록 도와주어야 한다.

우선 지도자가 피드백을 할 때는 사실 여부나 옳고 그름을 판단해 주지 않는 것이 좋다. 대신 어떤 생각을 이야기하든 "그렇게 생각했군요. 그럴 수 있겠네요."라고 참가자의 생각을 있는 그대로 수용하고 인정해 주는 것이 필요하다.

사람은 어떤 생각을 하느냐에 따라 감정이 달라지지만 상황에 대한 감정이 먼저 바뀌어야 생각이 달라지기도 한다. 그러므로 참가자들이 어떤 생각을 했는지, 어떻게 생각이 변화했는지를 살피는 것도 중요하지만 참가자들의 감정이 어떠한지, 어떻게 느낌이 달라졌는지를 살피는 것도 중요하다.

따라서 참가자가 자신의 감정을 표현할 수 있게 격려해 주고 감정을 표현하고 나면 긍정적인 피드백을 해 주는 것이 원활한 진행과 프로그램 참여의 효과를 증진시키는 데 도움이 될 것이다.

각각의 질문을 퀴즈를 내듯이 묻고 답하기보다는 편안하게 대화를 하듯이 진행해야 한다. 가해자 역할을 하는 참가자에게 질문을 다 하고 피해자 역할을 하는 참가자에게 질문을 하는 형식으로 할 수도 있지만 가해자 역할의 참가자가 하는 이야기를 듣고 다른 참가자는 어땠는지 그때그때 피드백을 듣는 것도 좋다.

지도자는 다음과 같이 다독이기를 진행한다. 먼저 학교폭력에 대한 이해를 돕고, 참가자가 역할극에 참여하며 역할별로 가해자/피해자/방관자의 입장을 이해하였는지 확인한다.

---

1. 여러분이 생각하는 학교폭력은 무엇인가요?

2. 방관자는 학교폭력 상황에서 가해자일까요, 피해자일까요?

3. 역할극에서 어떤 상황이 일어났나요?

4. 각자 무슨 역할을 했나요?

　① 괴롭힘을 당하는 친구의 기분은 어땠을 것 같나요?

예시

지도자: 조금 전에 SNS에다 친구의 험담을 하는 역할을 했어요. 하면서 기분은 어땠어요?

가해자 역할 참가자: 잘 모르겠어요.

지도자: 잘 모르겠군요. 그럼 어떤 일이 있으면 SNS에 친구 흉을 보고 싶을까요?

가해자 역할 참가자: 뭐, 아까 같은 상황이죠. 좀 답답하게 구니까요.

지도자: 아, 그런 친구를 보면 답답한 마음이 드는군요. 그래서 흉을 보니까 좀 시원해졌나요?

가해자 역할 참가자: 음…… 잘 모르겠어요. 재밌는 것 같기는 한데 좀 찝찝해요.

지도자: 재미있으면서 찝찝하다니 반대되는 것 같은 마음이 동시에 들었네요. 좀 자세히 얘기해 주겠어요?

가해자 역할 참가자: 뭐…… 잘못된 행동이니까요. 걔가 짜증 나기는 해도요.

지도자: 그 친구한테 뭔가 잘못했다는 생각이 드는군요. 그럼 놀림을 당한 그 친구는 어떤 마음이 들었을까요?

가해자 역할 참가자: 진짜 억울했겠죠. 그렇지 않겠어요? 아무리 자신이 잘못했다고 해도 남들 다 보는 SNS에서 놀림이나 당하고 그러면 얼마나 쪽팔리겠어요.

지도자: 억울하고 창피했을 거 같다는 거네요. 그 친구 마음이 불편했을 거라는 얘기군요.

가해자 역할 참가자: 우울하고 짜증 나겠죠. 살맛도 안 나고…….

지도자: 친구가 우울하고 짜증 나서 사는 것이 힘들 수도 있겠다는 마음이 이해가 된다는 얘기네요.

(후략)

② 피해자 역할을 할 때 주변 친구들이 어떻게 해 주면 도움이 됐을까요?

예시

지도자: 조금 전에 친구들이 SNS에다 학생에 대한 흉을 보고 학생을 노골적으로 따돌리고 그랬어요. 직접적이지는 않지만 그런 경험을 해 보니까 어땠어요?

피해자 역할 참가자: 진짜 있었던 일도 아닌데 너무 열받았어요. 내가 그렇게까지 욕먹을 짓을 한 건가 싶기도 하고요. 뭔가 안 좋아요. 기분이…….

지도자: 자신이 당한 일이 이해가 잘 되지 않나 봐요. 왜 그런 일을 당했는지 모르겠으니 더 화가 나기도 하고요.

피해자 역할 참가자: 휴우…… 네에. 전에 학교에서도 비슷한 일이 있었는데 그때가 생각나네요.

지도자: 비슷한 일이 있었군요. 어떤 게 떠오르죠?

(참자가자 자신의 경험을 이야기하려고 할 때에는 시간을 너무 할애하지 않는 선에서 자연스럽게 이야기하도록 놔둔다.)

피해자 역할 참가자: 아주 재수없는 애는 아니었어요. 그냥 좀 잘난 척하는 정도. 쥐뿔도 없지만요. 근데 저희 반이 됐거든요. 새 학년이 시작되고 애들이 SNS에 걔 흉을 봤어요. 근데 그런 거 있잖아요. 걔 이름이 직접 나오지는 않지만 다들 걔라는 걸 아는 거죠. 잘 몰랐어요. 걔가 어떨지는…… 그냥 장난이잖아요. 저희 때는 다들 그런 거 아닌가요?

지도자: 그 친구도 장난이라고 생각하고 심각하게 받아들이지 않을 것이라고 생각했군요. 근데 그때 일이 떠올랐네요. 어떤 마음이 들어서였죠?

피해자 역할 참가자: (뭔가 생각한다.) 아, 뭔가 좀 쑥쓰러운데요. 갑자기 걔한테 미안하네요. 아, 없어 보이는 건 싫은데…….

지도자: 피해자 역할을 했는데 오히려 이전 경험이 생각나면서 미안한 마음이 생긴 거네요. 그리고 자신의 잘못을 반성하는 모습은 정말 용기 있는 행동이에요. 쉽지 않을 텐데 말해 줘서 고마워요. 지금 피해자 역할을 하면서 드는 생각이 많은가 봐요?

피해자 역할 참가자: 그냥요. 그냥 시늉을 하는 거잖아요. 근데 기분이 더러워요. 뭐, 안 좋아요. 장난이라고 해도. 뭐 이런 장난을 치나 싶기도 하고요. 그냥 아무 생각도 하고 싶지 않아요. 그냥 애들은 뭐 하는 거지 싶었어요. 뭐야, 재밌나. 구경이나 하고…….

지도자: 같이 있던 애들을 보면서도 생각나는 것이 있었나 봐요? 그 친구들한테 바라는 게 있나요?

피해자 역할 참가자: 그냥 뭐, 그런 거 있잖아요. 괴롭히는 애들한 테 "그러고 싶냐? 재밌냐?" 이러면서 구박이라도 해 주면 좋겠다 싶더라고요.

지도자: 구박을 한다는 게 어떤 거죠? 좀 자세히 얘기해 주겠어요?

피해자 역할 참가자: 저를 괴롭히는 애도 구박을 한번 받아 보면 좀 뜨끔하지 않겠어요?

지도자: 아, 주변 친구들이 괴롭히는 친구를 좀 말렸으면 싶었던 거 네요. 자신의 경험도 이야기해 주고 앞으로 어떤 변화가 있 으면 좋겠는지를 얘기해 줬어요. 자신의 감정도 잘 정리해 주고 앞으로 어떻게 했으면 좋을지 의견도 내줘서 고마워요.

(후략)

5. 무엇이 인상 깊었나요?

6. 역할극을 하면서 어떤 기분이 들었나요?

또한 학교폭력을 예방하기 위해서는 학교 구성원 모두의 협조가 필요하다는 이해와 더불어 각자가 학교 장면에서 실천할 수 있는 역 할이 무엇인지 살펴보도록 한다.

1. 방관자가 가해자를 지지할 때와 피해자를 지지할 때의 차이점은 무엇이었나요?

예시

지도자: 여러분, 우리가 역할극을 두 개 해 보았어요. 그런데 두 개는 차이가 좀 있었죠? 어떤 차이가 있었는지 설명을 해 주겠어요?

참가자 1: 한 명은 질이 좀 안 좋더라고요. 가만히 있으면 밉지나 않을 텐데 괜히 거든다고나 할까요.

지도자: 거든다는 게 어떤 것을 거든다는 거죠?

참가자 1: 그 괴롭히는 애를 거들잖아요. 가만히 있으면 중간이나 갈 텐데…….

지도자: 가만히 있는 게 차라리 나을 것 같나 봐요.

참가자 1: 괜히 부추기는 것 같아서요. 더 괴롭히게 만들잖아요.

지도자: 의미 있는 이야기를 해 주었어요. 자신이 먼저 괴롭히는 것은 아니어도 덩달아서 하는 친구가 있으니까 친구 흉을 보는 것이 더 커졌죠. 괴롭히는 일이 더 심각해지게 됐네요. 이런 상황을 뭐라고 정리할 수 있을까요?

참가자 1: 학교폭력이 더 심각해졌다고나 할까요.

지도자: 잘 말해 주었어요. 바로 그거예요. 처음에 괴롭히는 일을 시작한 사람은 아니지만 옆에서 함께하는 사람이 생기니까 학교폭력이 더 확대되었어요. 방관자의 다른 한 경우는 어땠죠? 다른 참가자가 말해 보겠어요?

참가자 2: 안 좋은 관계를 풀어 주려고 했어요. 자신이 아는 것에 대해 얘기를 했어요. 괴롭힘을 당하는 친구의 마음 같은 거요.

지도자: 그렇죠. 괴롭힘을 당하는 친구가 얼마나 힘들지를 얘기

하면서 다시 친하게 지내 보라고 했어요. 그래서 어떻게
됐죠?

참가자 2: 괴롭히게 된 친구와 당한 친구가 뭔가 오해가 있었던 거
같은데 서로 화해를 했어요. 사실 생각해 보면 애들이 왕따
를 당하거나 욕을 먹을 때 별 이유가 없는 경우도 많은 거
같아요. 저랑 관계가 없는 경우도 많아요. 근데 왜 굳이 여
럿이 어울려서 괴롭히게 됐지? 이런 생각이 드네요.

지도자: 중요한 이야기를 해 줬어요. 우리는 다른 사람을 괴롭힐 때
주변 사람들에게 휩쓸려서 괴롭히는 행동을 하기도 한다
는 거네요. 그렇지 않을 수도 있는데 말이죠. 하지만 우리
가 어떻게 행동하는지에 따라 결과에 많은 차이가 났어요.
누가 정리해서 이야기해 줄래요?

참가자 3: 제가 해 볼게요. 같이 괴롭혔던 친구는 가해자 지지 방관
자이고요. 화해를 하게 했던 친구는 피해자 지지 방관자였
어요. 가해자 지지 방관자는 자신이 먼저 피해자를 괴롭히
거나 왕따 행동을 한 것은 아니지만 가해자가 나쁜 행동을
하는 것을 부추기고 심지어는 자신도 나쁜 일에 함께 하게
됐어요. 결국은 자신도 가해자가 된 거죠. 뒤늦게 시작하
긴 했지만요. 대신에 관계를 회복시키려는 피해자 지지 방
관자는 피해자가 어떤 상황인지를 알았던 것 같아요. 얼마
나 힘들지를 공감했다고나 할까요. 그러니까 오히려 가해
자를 설득할 수 있었던 것 같아요. 결국은 화해를 하잖아
요. 자신도 학교폭력에 가담하지 않게 되고요. 그리고 다
른 친구를 더 나쁜 길로 가게 하지도 않고요.

지도자: 고마워요. 정말 잘 정리해 줬어요. 두 상황 모두 처음 시작
은 같았어요. 가해자가 다른 사람은 아니라는 거네요. 하
지만 주변에서 어떻게 반응을 하느냐에 따라서 상황은 극

단적으로 달라졌어요. 여러분은 이런 결과에 대해 어떻게
생각하나요? 좀 더 이야기해 보면 좋을 것 같아요.

(후략)

2. 방관자가 가해자를 지지할 때 역할극에서 피해자의 기분은 어떠하였
을까요?

3. 방관자가 피해자를 지지할 때 역할극에서 피해자의 기분은 어떠하였
을까요?

4. 역할극에서 주위의 다른 친구들이 어떻게 했으면 도움이 되었을까요?

5. 실제로 괴롭힘을 당하는 친구를 보았을 때 어떻게 하면 좋을까요?

6. 학교폭력을 예방할 수 있는 방안에는 무엇이 있을까요?

지도자: 안녕하세요, 여러분. 학교폭력 예방 프로그램에 오신 것을 환영합니다. 저는 여러분과 함께 프로그램을 진행하게 된 ○○○입니다. 만나서 반가워요! 오늘 저와 함께 학교폭력 예방 프로그램을 하게 될 텐데요. 여러분은 학교폭력이 무엇이라고 생각하나요? 아마 여러분 주변에서 쉽게 학교폭력 장면을 보셨을 거라고 생각하는데요. 현실 세계뿐만 아니라 TV나 영화, 웹툰에서도 심심찮게 학교폭력 장면을 보셨을 거예요. 오늘은 우리 주변에서 흔히 볼 수 있는 학교폭력에 대해서 이야기 나누는 시간을 가져 보겠습니다. 그 전에 우리가 직접 학교폭력의 한 상황을 연극처럼 꾸며 볼 텐데요. 각자 가해자와 피해자 그리고 방관자가 되어서 연극의 대본을 읽어 볼 거예요. 아주 재미있겠죠? 그럼 본격적으로 역할극을 해 보기 전에 간단하게 게임을 한번 해 보면서 몸을 풀어 볼까요? 지

금부터 우리가 할 게임은 '감정 빙고'예요. 여러분, 기분을 나타내는 표현으로 무엇이 있지요?

참가자 1: 행복이나 슬픔이요!

지도자: 네, 맞아요. 행복이나 슬픔을 기분이라고 하지요. 행복과 슬픔 말고 또 무엇을 기분이라고 할까요?

참가자 2: 화남, 짜증 나는 것도 기분이에요.

지도자: 맞아요. 화나는 것, 짜증 나는 것도 모두 기분을 나타내는 표현들이에요. 지루함, 뿌듯함 같은 표현들도 있지요. 지금부터 할 게임은 이렇게 기분을 나타내는 다양한 표현을 가지고 빙고게임을 하는 거예요. 이제 나누어 드린 빙고판에 기분을 나타내는 표현들을 모두 쓰세요.

(잠시 후)

지도자: 자, 여러분. 감정 빙고판을 모두 완성하셨지요? 그럼 앞에 있는 친구부터 차례대로 빙고 안의 단어를 말하는데요. 이때 그 단어에 해당하는 감정 표현과 관련된 자신의 경험을 이야기하는 거예요. 예를 들어, "저는 '행복'이라는 단어를 썼는데 맛있는 음식을 먹거나 좋아하는 영화를 보거나 친구들과 함께 놀 때 행복함을 느낍니다."라고 말하는 거예요. 앞에 있는 친구부터 시작해 볼까요?

참가자 1: 저는 분노요. 동생이 제 반찬을 뺏어 먹거나 자기 차례도 아닌데 컴퓨터 게임을 하고 있으면 분노를 느껴요.

참가자 2: 전 통쾌함이요. 우리나라가 일본이랑 축구할 때 이기면 통쾌해요.

참가자 3: 지루함이요. 수학 시간에 완전 지루해요. 잔소리 들을 때도 지루하고 TV에 볼 채널이 없을 때도 지루해요.

(중략)

참가자 4: 앗싸, 빙고!

지도자: 와! 참가자 4가 빙고를 제일 먼저 완성했네요! 축하해요! 자, 이렇게 해서 감정 빙고의 우승자는 참가자 4입니다. 모두 박수~

(짝짝짝)

지도자: 슬슬 몸이 좀 풀렸나요, 여러분? 그럼 본격적으로 역할극을 한번 시작해 보겠습니다. 우리가 직접 학교폭력 장면의 주인공이 되어 보는 거예요. 나누어 드린 대본을 보시면 가해자와 피해자 그리고 방관자가 등장합니다. 각자 어떤 역할을 맡을지 의견을 나누고 읽어 보는 시간을 드릴게요.

(잠시 후)

지도자: 자, 모두들 역할을 정하셨지요? 그럼 앞으로 나와서 역할극

을 시작해 볼게요.

(시나리오 3: 오프라인 상황에서의 따돌림)

(다독다독)

지도자: 자, 모두들 아주 잘해 주셨어요. 연기들을 아주 잘해 주셔서 깜짝 놀랐어요. 특히 가해자 역할을 맡았던 친구나 피해자 역할을 맡았던 친구의 연기가 아주 돋보였어요. 방관자 역할을 맡은 친구도 가해자 지지 방관자일 때 아주 얄밉게 잘하던걸요?

참가자 1: 맞아요. 진짜 얄미웠어요.

지도자: 다들 연극에 이렇게 소질이 있었는지 몰랐어요. 그렇다면 여러분, 학교폭력이 무엇이라고 생각하세요?

참가자 1: 막 때리고 괴롭히는 거요.

참가자 2: 오백 원 주고 천 원짜리 빵 사 오게 하는 거요. 돈 빌리고 나서 안 갚고…….

참가자 3: 체육복 빌리고 안 돌려주는 것도요.

지도자: 맞아요. 지금 나온 이야기 모두 학교폭력에 해당되는 것들이에요. 친구가 지나가는 것을 보고 뒤에서 흉을 본다거나 한 명을 몰아세우고 따돌리는 것도 학교폭력이지요. 그렇다면 방관자는 어떤가요? 학교폭력 상황에서 가해자에 해당되나요, 아니면 피해자에 해당되나요?

참가자 4: 잘 모르겠어요. 가해자인가?

참가자 5: 피해자인 것 같아요. 피해자 편을 들면 가해자가 나까지 괴롭힐 수 있으니까…….

참가자 6: 근데 피해자라고 하기엔 좀 그렇고 아까처럼 막 자기가 나서서 가해자를 부추기면 가해자라고 하는 게 맞는 것 같아요. 도와주진 못하더라도 가만히 있지.

참가자 7: 제 생각에는 가만히 있는 것도 나쁜 것 같아요. 쉬쉬하고 숨기고 그러는 것도 피해자 입장에서는 은근히 괴롭히는 일 같은데…….

참가자 8: 도와준다는 게 말이 쉽지 되게 어려워. 가해자가 나까지 같이 괴롭히거나 아니면 타깃을 바꿔서 날 괴롭힐 수도 있는데 어떻게 섣불리 나설 수가 있겠어.

지도자: 그렇게 생각할 수도 있겠군요. 그럼 역할극에서 어떤 상황이 일어났는지 한번 말해 볼까요?

참가자 9: 자기 숙제를 대신 하게 시켰어요. 애들 앞에서 망신 주면서 괴롭혔어요.

지도자: 맞아요. 그리고 또 어떤 상황이 있었지요?

참가자 10: 방관자가 가해자처럼 피해자를 괴롭힐 때도 있었어요.

참가자 11: 피해자를 도와주는 방관자도 있었어요. 피해자 편을 들어주고 가해자가 피해자를 괴롭히지 못하게 도와줬어요.

지도자: 네, 맞아요. 자기 숙제를 대신 시키는 상황이었지요. 방관자가 가해자가 된 것처럼 함께 피해자를 괴롭히는 상황도 있었고, 피해자의 입장에서 피해자를 도와주는 상황도 있었지요.

우리 친구들은 각자 무슨 역할을 맡았어요?

참가자 12: 저는 가해자 역할이었어요. 제가 숙제를 못했는데 피해자 한테 제 숙제를 대신하게 시켰어요.

참가자 13: 저는 피해자였는데요. 제 숙제도 다 못한 상황이었는데 가해자가 자기 숙제를 시켰어요.

참가자 14: 저는 방관자였어요. 가해자를 도와서 피해자를 같이 괴롭혔어요. 근데 그냥 가해자라고 봐도 될 것 같아요.

참가자 15: 저도 방관자였는데 저는 피해자를 도와주는 방관자였어요. 가해자가 피해자를 더 괴롭히지 못하게 해 주는 역할이었어요.

지도자: 그렇군요. 각자 맡은 역할을 아주 잘해 주었어요. 그럼 어떤 부분이 가장 인상 깊었어요?

참가자 16: 가해자 맡은 친구가 진짜 현실처럼 연기했어요. 진짜 가해자 같았어요.

참가자 17: 진짜 가해자였던 거 아니야? 진짜 같은데?

참가자 18: 다들 의외로 역할극을 너무 잘해서 재밌었어요. 이렇게 잘할 줄 몰랐어요.

참가자 19: 직접 역할극 해 보니까 재밌었던 것 같아요. 생각보다 연기들도 잘했어요.

지도자: 맞아요. 다들 아주 잘했어요. 역할극 하면서 어떤 기분이 들었어요?

참가자 20: 저는 피해자 입장이 되어 보니까 좀 기분 나빴어요. 역할극인데도 좀 기분 나쁘고. 아무 짓도 안 하고 죄도 없는데 괴롭히니까 좀 그랬어요.

참가자 21: 저도 좀 미안했어요. 재밌긴 한데 막 괴롭히니까…… 미안한 느낌? 피해자가 아무것도 안 했는데 그냥 괴롭히는 거잖아요. 진짜가 아니니까 재밌긴 했는데…….

지도자: 미안한 느낌이 들었어요?

참가자 21: 네. 처음엔 사실 좀 재밌었거든요. 근데 애들 앞에서 막 망신 주고 괴롭히는 역할 맡으니까 좀 그랬어요.

참가자 22: 저도요. 약한 애를 괴롭히는 느낌도 들고. 피해자도 기분 나빴을 것 같아요.

지도자: 다들 피해자를 괴롭히는 것에 미안한 마음이 들었군요. 여러분, 그럼 방관자가 가해자를 지지할 때와 피해자를 지지할 때는 어떻게 달랐나요?

참가자 23: 가해자를 지지할 때는 방관자가 아니라 완전 가해자 같았어요. 자기가 나서서 더 괴롭히는 느낌이었어요.

참가자 24: 맞아요. 방관자라기보다는 그냥 가해자였어요.

참가자 25: 그런데 피해자를 지지할 때는 진짜 멋진 애였어요. 가해자한테 괴롭히지 말라고 용기 있게 말하고……. 영웅 같은 방관자.

지도자: 맞아요. 방관자가 가해자를 지지할 때랑 피해자를 지지할 때랑 결과가 많이 달랐지요?

참가자 26: 네. 가해자를 지지할 때는 그냥 학교폭력이 일어났고 앞으로도 계속될 것 같았는데 피해자를 지지하니까 결과가 확 달랐어요.

지도자: 그래요. 결과가 확 달랐지요. 방관자가 가해자를 지지할 때

역할극에서 피해자의 기분은 어땠을까요?

참가자 27: 비참했을 것 같아요. 다들 나를 괴롭히고 한 명도 안 도와
주고 모르는 체하니까요.

참가자 28: 아니, 도와주진 않더라도 가만히 있던가, 나서서 괴롭히
니까 다 싫어질 것 같아요.

지도자: 그렇군요. 그럼 반대로 방관자가 피해자를 지지할 때 역할극
에서 피해자의 기분은 어땠을까요?

참가자 29: 든든한 느낌? 아, 누가 날 도와주는구나. 내 편이 있구나.

참가자 30: 천사인가. 진짜 좋은 애다. 고맙다.

참가자 31: 저 같으면 진짜 고마웠을 것 같아요. 그런 상황에서 나를
도와주는 게 쉽지 않다는 걸 아니까 더 그랬을 것 같아요.

참가자 32: 내 편이 하나라도 있다는 게 위안이 됐을 것 같아요.

지도자: 피해자가 고마운 마음, 든든한 마음이 들었겠군요. 그럼 역
할극에서 주변의 다른 친구들이 어떻게 했으면 도움이 되었
을까요?

참가자 33: 적어도 같이 괴롭히지는 않았으면 좋겠어요. 가만히 있는
건 솔직히 이해는 되는데 같이 괴롭히는 건 정말 이해가 안
돼요. 가해자랑 똑같은 것 같아요.

참가자 34: 피해자를 도와준다는 게 쉬운 일은 아니지만 한 번이 어
렵지, 한번 시작하면 괜찮지 않을까 싶어요.

참가자 35: 근데 그런 분위기에서 돕는다는 게 진짜 어려워.

참가자 36: 맞아. 괜히 같이 괴롭힘당한다니까…….

지도자: 그래요. 학교폭력 장면에서 피해자를 돕는다는 것이 어려운

일일 수 있어요. 하지만 아까 방관자가 가해자를 지지했을 때
와 피해자를 지지했을 때 결과가 많이 달랐죠?

참가자 37: 그렇긴 해요. 말리는 애가 없으니까 가해자가 신나서 더
괴롭히는 것 같아요.

참가자 38: 맞아. 혼자 나서는 게 힘들면 여럿이서 도우면 좀 달라지
지 않을까?

참가자 39: 아, 다 같이? 그럼 괜찮겠다. 가해자가 돕는 사람을 모두
다 괴롭힐 수도 없고.

지도자: 그렇겠네요. 다 같이 피해자를 지지한다면 확실히 달라지겠
네요. 아까 한 명이 피해자를 지지했을 때와는 또 다른 결과
가 나타날 것 같아요.

참가자 40: 맞아요. 한 명은 몰라도 여러 명이 도우면 가해자도 꼼짝
못할 것 같아요.

지도자: 그렇다면 실제로 학교에서 괴롭힘당하는 친구를 보았을 때
우리가 어떻게 하면 좋을까요?

참가자 41: 지금처럼 도와주는 거예요. 다 같이.

참가자 42: 다 같이 나서서 그만 괴롭히라고 말하면 될 것 같아요.

참가자 43: 그렇게 나서지는 못하더라도 적어도 같이 괴롭히지는 말
아야 할 것 같아요. 선생님한테 말하기?

참가자 44: 저 같으면 선생님이나 부모님한테 말할 것 같아요.

지도자: 네, 학교폭력에 대응할 수 있는 방법들이 많이 있지요. 부모
님이나 선생님한테 이야기하는 것도 좋고, 오늘 이야기 나누
었던 것처럼 모두 함께 피해자를 도와주는 방법도 있어요. 그

렇다면 학교폭력을 예방할 수 있는 방법에는 어떤 것들이 있을까요?

참가자 45: 친구들끼리 싸우지 않고 잘 지내야 해요. 친구들끼리 서로 이해하고 사소한 것들은 친구니까 이해해 주고요.

참가자 46: 누가 나보다 아래라는 생각이 없어야 할 것 같아요. 약해 보이니까 얕잡아 보고 그러지 않았으면 좋겠어요.

참가자 47: 반 분위기도 진짜 중요한 것 같아요. 한번 그렇게 괴롭히기 시작하면 바꾸는 게 정말 어려워요. 그런 분위기가 안 되도록 노력해야 해요.

지도자: 그렇죠. 아까 우리가 누구를 도와주느냐에 따라 결과가 달라졌듯이 우리의 행동이 참 중요한 것 같아요. 오늘 역할극도 해 보고 학교폭력에 대해 많은 이야기를 나누어 봤는데요. 모두들 재밌었나요?

참가자들: 네~

지도자: 오늘 나누었던 이야기들이 여러분의 학교생활에 많은 도움이 되었으면 좋겠네요. 오늘 나누었던 이야기들을 앞으로도 잊지 않고 학교폭력을 예방하기 위해서 다 함께 노력해 보았으면 좋겠어요.

지도자 교육

이 책을 구매하신 후 활용하여 프로그램을 진행하시는 지도자 선생님들에게 프로그램에 대한 안내 및 기본 교육을 무료로 해 드립니다. 교육을 희망하시는 분들은 덕성여자대학교 심리학과 임상심리학 연구실로 문의 주시기 바랍니다.

청소년을 대상으로 하고 있는 학교폭력 방지 교육은 학교, 종교 단체, 지역 사회 등 청소년을 지도하고 있는 많은 단체의 교육 진행 문의를 환영합니다. 프로그램은 1회기로 진행할 경우 1시간 또는 3시간으로 할 수 있고 기관의 요청에 따라 다양한 형태가 가능합니다. 교육을 원하시는 기관 종사자분들은 덕성여자대학교 심리학과 임상심리학 연구실로 문의 주시기 바랍니다.

연락처: 02) 901-8307

부록 1 : 미션 임파서블 활동지

상대방에게 다음의 미션을 수행하고 확인란에 사인을 받으세요.

순서	미션	확인
1	다른 사람의 양말을 벗기고 다시 뒤집어 신겨 주세요.	
2	길이가 15cm 이상인 머리카락 두 가닥을 구해 오세요.	
3	상대방에게 팔굽혀펴기를 5번 시키세요.	
4	긴 바지를 입고 있는 사람의 바지 한쪽을 무릎 위로 걷어 올리세요.	
5	상대방과 가위바위보를 해서 3판을 이기세요.	
6	이성 친구에게 "당신은 내가 보았던 사람 중 가장 멋져요."라고 고백하세요.	
7	이길 때까지 상대방과 엄지손가락 씨름을 하세요.	
8	상대방을 앞에 두고 10초 이상 춤을 추세요.	
9	상대방의 머리를 고무줄을 이용해 1회 묶어 주세요.	
10	상대방에게 30초간 어깨와 목 등 안마를 해 주세요.	
11	상대방의 이름으로 삼행시를 지어 주세요.	
12	아직 만나지 못한 사람을 찾아가서 인사를 나누고 사인을 받으세요.	
13	상대방으로부터 "너 최고다."라는 소리를 들으세요.	
14	상대방 앞에 두고 노래를 한 소절 이상 부르세요.	
15	상대방의 장점을 세 가지 이상 이야기해 주세요.	

부록 2 감정 빙고판 (4*4)

부록 3 감정 빙고판 (5*5)

부록 4 감정 빙고판 (6*6)

부록 5 역할극 이름표

학교폭력 STOP **감독**	학교폭력 STOP **작가**
학교폭력 STOP **작가**	학교폭력 STOP **작가**

학교폭력 STOP

방관자

학교폭력 STOP

방관자

학교폭력 STOP

방관자

학교폭력 STOP

방관자

부록 6 이름표

학교폭력 STOP	학교폭력 STOP
학교폭력 STOP	학교폭력 STOP

부록 7 **다독이기 활동지**

1. 여러분이 생각하는 학교폭력은 무엇인가요?

2. 방관자는 학교폭력 상황에서 가해자일까요, 피해자일까요?

3. 역할극에서 어떤 상황이 일어났나요?

4. 각자 무슨 역할을 했나요?

4.1. 괴롭힘을 당하는 친구의 기분은 어땠을 것 같나요?

4.2. 피해자 역할을 할 때 주변 친구들이 어떻게 해 주면 도움이 됐을까요?

5. 무엇이 인상 깊었나요?

6. 역할극을 하면서 어떤 기분이 들었나요?

7. 방관자가 가해자를 지지할 때와 피해자를 지지할 때의 차이점은 무엇이 었나요?

8. 방관자가 가해자를 지지할 때 역할극에서 피해자의 기분은 어떠하였을 까요?

9. 방관자가 피해자를 지지할 때 역할극에서 피해자의 기분은 어떠하였을
까요?

....

....

....

10. 역할극에서 주위의 다른 친구들이 어떻게 했으면 도움이 되었을까요?

....

....

....

11. 실제로 괴롭힘당하는 친구를 보았을 때 어떻게 하면 좋을까요?

....

....

....

12. 학교폭력을 예방할 수 있는 방안에는 무엇이 있을까요?

....

....

....

참고문헌

강윤정(2014). 청소년의 뇌, 이해하면 덜 답답해. 브레인, 47, 27-29.

교육부(2015). 2015년 1차 학교폭력 실태조사. 세종: 교육부.

곽금주(2008). 한국의 왕따와 예방프로그램. 한국사회문제심리학회지, 14, 255-272.

곽윤정 역(2011). 10대들의 사생활. David Walsh 저. Why Do They Act That Way. 서울: 시공사. (원저는 2007년에 출판).

김순흥 외(2003). 한국청소년의 삶과 의식구조. 광주: 사회연구사.

이원봉(2010). KDIT의 P-지수와 MJT의 C-지수 비교를 통한 한국 청소년의 도덕판단력 실증 연구. 경상대학교 대학원 박사학위논문.

정영숙, 신민섭, 이승연 역(2009). 청소년 심리학. F. P. Rice & K. G. Dolgin 저. The Adolescent: Development, Relationships, and Culture. 서울: 시그마프레스. (원저는 2011년에 출판).

정제영, 이승연, 오인수, 강태훈, 류성창(2013). 주변인 대상 학교폭력 예방

교육 프로그램 개발 연구. **교육과학연구**, 44(2), 119-143.

주경희(2007). 역할극과 토론학습을 통한 초등학생의 집단따돌림 인식과 태도의 변화. 서울여자대학교 대학원 석사학위논문.

청소년폭력예방재단(2015). 2013년 전국 학교폭력 실태조사 보고서. 서울: 청소년폭력예방재단.

최성희, 김종연, 윤영준(2010). DIT 측정도구를 활용한 아동의 도덕성 발달. **교육문제연구**, 15(1), 141-158.

Casey, B. J., Rebecca, M. J., & Hare, T. A. (2008). The Adolescent Brain. *Annals of the New York Academy of Sciences, 1124*, 111-126.

Erikson, E. (1968). *Identity: youth and crisis.* New York: W. W. Norton & Company.

Hutchins, D. E., & Vaught, C. C. (1997). *Helping relationships and strategies.* Boston, MA: Thomson Brooks/Cole Publishing Co.

Kohlberg, L. (1969). *Stages in the development of moral thought and action.* New York: Holt, Rinehart & Winston.

Likona, T. (1991). *Educating for character: how our schools can teach respect and responsibility.* New York: Bantam.

Marcia, J. E. (1980). Identity in adolescence. *Handbook of adolescent psychology, 9*(11), 159-187.

Piaget, J. (1964). Part I: Cognitive development in children: Piaget development and learning. *Journal of research in science teaching, 2*(3), 176-186.

저자 소개

최승원(Sungwon Choi)
고려대학교 대학원 심리학과 박사(임상심리학 전공)
현 덕성여자대학교 심리학과 조교수
　임상심리 전문가

이연주(Yeonju Lee)
덕성여자대학교 대학원 심리학과 박사과정(임상심리학 전공)
현 덕성여자대학교 심리학과 외래교수
　서울심리지원 북부센터 상담팀 총괄
　임상심리 전문가

배유빈(Yubeen Bae)
덕성여자대학교 대학원 심리학과 석사(임상 및 상담심리학 전공)
현 맘닥터 임상심리클리닉 연구원

오다영(Dayoung Oh)
덕성여자대학교 대학원 심리학과 석사(임상 및 상담심리학 전공)
현 보라매병원 정신건강의학과 수련심리학자

청소년 학교폭력 예방 프로그램의 실제
Bullying Prevention Program for Classroom

2017년 4월 10일 1판 1쇄 인쇄
2017년 4월 20일 1판 1쇄 발행

지은이 • 최승원 · 이연주 · 배유빈 · 오다영
펴낸이 • 김진환
펴낸곳 • (주) **학지사**

    04031 서울특별시 마포구 양화로 15길 20 마인드월드빌딩
대표전화 • 02-330-5114   팩스 • 02-324-2345
등록번호 • 제313-2006-000265호

홈페이지 • http://www.hakjisa.co.kr
페이스북 • https://www.facebook.com/hakjisabook

ISBN 978-89-997-1231-9 93370

정가 9,000원

이 도서의 국립중앙도서관 출판시도서목록(CIP)은 서지정보유통지
원시스템 홈페이지(http://seoji.nl.go.kr)와 국가자료공동목록시스템
(http://www.nl.go.kr/kolisnet)에서 이용하실 수 있습니다.
(CIP 제어번호: CIP2017008079)

●┄┄┄┄┄┄ 교육문화출판미디어그룹 **학지사** ┄┄┄┄┄┄●

심리검사연구소 **인싸이트** www.inpsyt.co.kr
원격교육연수원 **카운피아** www.counpia.com
학술논문서비스 **뉴논문** www.newnonmun.com